产业组织理论

朱善利◎著

北京大学出版社
PEKING UNIVERSITY PRESS

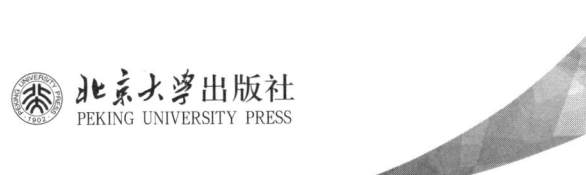

图书在版编目(CIP)数据

产业组织理论 / 朱善利著. —北京:北京大学出版社,2021.9
(光华思想力书系·教材领航)
ISBN 978-7-301-32384-7

Ⅰ. ①产… Ⅱ. ①朱… Ⅲ. ①产业组织理论—高等学校—教材 Ⅳ. ①F260

中国版本图书馆 CIP 数据核字(2021)第 158174 号

书　　　　名	产业组织理论 CHANYE ZUZHI LILUN
著作责任者	朱善利　著
责 任 编 辑	王　晶
标 准 书 号	ISBN 978-7-301-32384-7
出 版 发 行	北京大学出版社
地　　　　址	北京市海淀区成府路 205 号　100871
网　　　　址	http://www.pup.cn
微信公众号	北京大学经管书苑(pupembook)
电 子 信 箱	em@ pup.cn
电　　　　话	邮购部 010-62752015　发行部 010-62750672　编辑部 010-62752926
印 刷 者	北京鑫海金澳胶印有限公司
经 销 者	新华书店
	730 毫米 × 1020 毫米　16 开本　11.75 印张　186 千字 2021 年 9 月第 1 版　2021 年 9 月第 1 次印刷
定　　　　价	34.00 元

未经许可,不得以任何方式复制或抄袭本书之部分或全部内容。
版权所有,侵权必究
举报电话:010-62752024　电子信箱:fd@pup.pku.edu.cn
图书如有印装质量问题,请与出版部联系,电话:010-62756370

丛书编委会

顾　问
厉以宁

主　编
刘俏

编　委（以姓氏笔画排列）

王　辉	王汉生	刘晓蕾	李　其	李怡宗
吴联生	张圣平	张志学	张　影	金　李
周黎安	徐　菁	龚六堂	黄　涛	路江涌
		滕　飞		

丛书序言一

很高兴看到"光华思想力书系"的出版问世,这将成为外界更加全面了解北京大学光华管理学院的一个重要窗口。北京大学光华管理学院从1985年北京大学经济管理系成立,以"创造管理知识,培养商界领袖,推动社会进步"为使命,到现在已经有三十余年了。这三十余年来,光华文化、光华精神一直体现在学院的方方面面,而这套"光华思想力书系"则是学院各方面工作的集中展示,同时也是北京大学光华管理学院的智库平台,旨在立足新时代,贡献中国方案。

作为经济管理学科的教学研究机构,北京大学光华管理学院的科研实力一直在国内处于领先位置。光华管理学院有一支优秀的教师队伍,这支队伍的学术影响在国内首屈一指,在国际上也发挥着越来越重要的作用,它推动着中国经济管理学科在国际前沿的研究和探索。与此同时,学院一直都在积极努力地将科研力量转变为推动社会进步的动力。从当年股份制的探索、证券市场的设计、《证券法》的起草,到现在贵州毕节试验区的扶贫开发和生态建设、教育经费在国民收入中的合理比例、自然资源定价体系、国家高新技术开发区的规划,等等,都体现着光华管理学院的教师团队对中国经济改革与发展的贡献。

多年来,北京大学光华管理学院始终处于中国经济改革研究与企业管理研究的前沿,致力于促进中国乃至全球管理研究的发展,培养与国际接轨的优秀学生和研究人员,帮助国有企业实现管理国际化,帮助民营企业实现管理现代化,同时,为跨国公司管理本地化提供咨询服务,从而做到"创造管理知识,培养商界领袖,推动社会进步"。北京大学光华管理学院的几届领导人都把这看作自己的使命。

　　作为人才培养的重地,多年来,北京大学光华管理学院培养了相当多的优秀学生,他们在各自的岗位上做出贡献,是光华管理学院最宝贵的财富。光华管理学院这个平台的最大优势,也正是能够吸引一届又一届优秀的人才的到来。世界一流商学院的发展很重要的一点就是靠它们强大的校友资源,这一点,也与北京大学光华管理学院的努力目标完全一致。

　　今天,"光华思想力书系"的出版正是北京大学光华管理学院全体师生和全体校友共同努力的成果。希望这套丛书能够向社会展示光华文化和精神的全貌,并为中国管理学教育的发展提供宝贵的经验。

北京大学光华管理学院名誉院长

丛书序言二

"因思想而光华。"正如改革开放走过的40年,得益于思想解放所释放出的动人心魄的力量,我们经历了波澜壮阔的伟大变迁。中国经济的崛起深刻地影响着世界经济重心与产业格局的改变;作为重要的新兴经济体之一,中国也越来越多地承担起国际责任,在重塑开放型世界经济、推动全球治理改革等方面发挥着重要作用。作为北京大学商学教育的主体,光华管理学院过去三十余年的发展几乎与中国改革开放同步,积极为国家政策制定与社会经济研究源源不断地贡献着思想与智慧,并以此反哺商学教育,培养出一大批在各自领域取得卓越成就的杰出人才,引领时代不断向上前行。

以打造中国的世界级商学院为目标,光华管理学院历来倡导以科学的理性精神治学,锐意创新,去解构时代赋予我们的新问题;我们胸怀使命,顽强地去拓展知识的边界,探索推动人类进化的原动力。2017年,学院推出"光华思想力"研究平台,旨在立足新时代的中国,遵循规范的学术标准与前沿的科学方法,做世界水平的中国学问。"光华思想力"扎根中国大地,紧紧围绕中国经济和商业实践开展研究;凭借学科与人才优势,提供具有指导性、战略性、针对性和可操作性的战略思路、政策建议,服务经济社会发展;研究市场规律和趋势,服务企业前沿实践;讲好中国故事,提升商学教育,支撑中国实践,贡献中国方案。

为了有效传播这些高质量的学术成果,使更多人因阅读而受益,2018年年初,在和北京大学出版社的同志讨论后,我们决定推出"光华思想力书系"。通过整合原有"光华书系"所涵盖的理论研究、教学实践、学术交流等内容,融合光华未来的研究与教学成果,以类别多样的出版物形式,打造更具品质与更为多元的学术传播平台。我们希望通过此平台将"光华学派"所创造的一系列具有国际水准的立足中国、辐射世界的学术成果分享到更广的范围,以理性、科学的研究去开启智慧,启迪读者对事物本质更为深刻的理解,从而构建对世界的认知。正如光华管理学院所倡导的"因学术而思想,因思想而光华",在中国经济迈向高质量发展的新阶段,在中华民族实现伟大复兴的道路上,"光华思想力"将充分发挥其智库作用,利用独创的思想与知识产品在人才培养、学术传播与政策建言等方面做出贡献,并以此致敬这个不凡的时代与时代中的每一份变革力量。

北京大学光华管理学院院长

目 录

第一篇　微观基础

第一章　导论 ················ 3
1.1　什么是产业组织理论 ············ 3
1.2　产业组织理论的发展历程 ·········· 4
1.3　总结 ···················· 8
1.4　习题 ···················· 9
　　参考文献 ·················· 9

第二章　企业理论和福利分析 ········ 10
2.1　企业的边界 ················ 10
2.2　企业的目标 ················ 11
2.3　技术与成本 ················ 12
2.4　需求函数 ················· 15
2.5　应用：不同工厂的产量分配 ········ 16
2.6　福利分析 ················· 17
2.7　总结 ··················· 18
2.8　习题 ··················· 19
　　参考文献 ·················· 19

第三章　非合作博弈理论基础 ········ 21
3.1　博弈的两种形式 ·············· 21
3.2　均衡概念 ················· 24
3.3　重复博弈 ················· 28

  3.4 总结 ·· 30
  3.5 习题 ·· 31

第二篇 市场结构与策略互动

第四章 市场结构与市场势力 ·· 35
  4.1 市场结构形成的原因 ··· 35
  4.2 市场结构 ·· 38
  4.3 市场势力 ·· 40
  4.4 总结 ·· 43
  4.5 习题 ·· 44
  参考文献 ·· 45

第五章 垄断 ·· 46
  5.1 垄断者的利润最大化问题 ·· 46
  5.2 垄断与社会福利 ··· 47
  5.3 价格歧视 ·· 49
  5.4 总结 ·· 57
  5.5 习题 ·· 57
  参考文献 ·· 58
  附录:垄断条件下的质量 ·· 58

第六章 寡头:同质产品竞争 ·· 62
  6.1 古诺市场 ·· 62
  6.2 领导者-跟随者市场 ··· 65
  6.3 伯川德市场 ·· 67
  6.4 重复博弈与共谋 ··· 73
  6.5 共谋:由何而来又如何解决? ······································· 77
  6.6 总结 ·· 82
  6.7 习题 ·· 82
  参考文献 ·· 83

第七章 寡头:异质产品竞争 …… 84
- 7.1 两种异质产品模型 …… 85
- 7.2 异质产品的垄断竞争 …… 89
- 7.3 区位模型 …… 93
- 7.4 总结 …… 101
- 7.5 习题 …… 101
- 参考文献 …… 102

第三篇 反竞争策略

第八章 进入阻止与掠夺性行为 …… 105
- 8.1 完全信息下的进入阻止与掠夺性行为 …… 106
- 8.2 不完全信息下的进入阻止与掠夺性行为 …… 112
- 8.3 总结 …… 120
- 8.4 习题 …… 120
- 参考文献 …… 121

第九章 企业的兼并与纵向控制 …… 122
- 9.1 水平兼并 …… 123
- 9.2 垂直兼并 …… 130
- 9.3 纵向控制 …… 136
- 9.4 总结 …… 142
- 9.5 习题 …… 142
- 参考文献 …… 143

第四篇 非价格竞争

第十章 广告 …… 147
- 10.1 劝购型广告 …… 147
- 10.2 信息型广告 …… 148
- 10.3 广告与消费者需求 …… 156
- 10.4 总结 …… 158

10.5 习题 ……………………………………………… 158

参考文献 ……………………………………………… 159

第十一章 研究与开发 ……………………………………… 160

11.1 工艺创新的分类 …………………………………… 161

11.2 创新与市场结构 …………………………………… 162

11.3 创新竞赛 …………………………………………… 164

11.4 研发合作 …………………………………………… 167

11.5 专利 ………………………………………………… 170

11.6 总结 ………………………………………………… 172

11.7 习题 ………………………………………………… 173

参考文献 ……………………………………………… 174

编后记 ……………………………………………………… 175

第一篇

微观基础

第一章 导论

1.1 什么是产业组织理论

在完全竞争市场中,每一个需求者和供给者都是价格接受者,他们不能影响价格,只能对价格做出反应。尽管完全竞争市场中的市场价格与某一个个体无关,但所有个体的行为加总起来的总需求和总供给共同决定了市场价格。什么时候完全竞争是一个合理的假设呢?当每个消费者的需求量和生产者的供给量占市场总量的份额很小时,他们对市场价格的影响可以忽略不计,这时假设市场是完全竞争的就是合理的。例如,某个小麦的生产者不会认为市场价格受自己的生产和供给决策影响。然而,有一种背离完全竞争的市场,那就是垄断——市场由单一企业单独控制,该垄断企业可以决定市场价格。

在现实世界中,大多数市场往往介于完全竞争和垄断之间。许多行业仅由少数几家企业构成,例如操作系统、电脑芯片等行业。在这样不完全竞争的市场中,竞争将如何进行呢?这就需要一门**研究不完全竞争市场问题的理论——产业组织理论**。

产业组织理论没有对不完全竞争市场给出一个简单的答案或模型,因为不完全竞争市场存在很多可能性,比如市场可能是由两家寡头企业垄断,也可能是由一个大企业主导但同时存在着众多的小企业;企业的产品可能是同质的,如水泥行业,也可能是异质的,如服装行业;新企业进入的壁垒不一样,如餐饮业的进入壁垒相对低,而芯片行业的进入壁垒则很高;企业不仅进行价格竞争,还会开展广告和研发等非价格竞争。在不同的情形下,我们需要做更具体的假设,模型的假设不同,得出的结论也可能会完全不同。我们将在接下来的章节里逐步展开,分析在这些不同假设下的企业是如何决策和行动的。

分析不完全竞争市场的一个难点在于**企业的决策是相互依赖的**。每家企业在做决策时会基于对手的反应来决定自己的行动,而竞争对手在做反应时,也会考虑对方企业会对它的反应做出何种反应,如此循环往复。为了理解企业的策略是如何相互作用的,现代产业组织理论引入了博弈论,博弈论为理解企业的战略相互作用提供了一个清晰且逻辑一致的工具。

当然,没有一个模型是对现实的完全描述,一个包含现实中所有因素的模型会过于复杂而无用。任何一个有用的模型都应该是对复杂现实的简化,是我们理解现实的导图。这就需要从复杂的现实中抽取最重要的因素,省略掉细枝末节。如果一个复杂的模型和一个简单的模型拥有同样的解释力,那么我们更偏好简单的模型。此外,数学模型还能够清晰地定义我们的假设条件,让我们对概念、逻辑的讨论清晰化,避免言语讨论中的不清晰。如果模型与现实数据不符合,我们也可以反思模型的哪些假设有误。

1.2 产业组织理论的发展历程

在18世纪,经济学之父亚当·斯密就对市场势力有了直观的认识。在其经典著作《国富论》中,斯密就提到了企业的合谋和垄断行为:

> 同行业者会合谋来提升价格……
>
> 垄断者不会满足市场有效需求,而是通过使市场长期供货不足,将产品的售价提升到正常价格水平之上。

在斯密之后,不完全竞争并未成为经济学家们的研究重点。19世纪末20世纪初,美国的钢铁、石油、烟草等行业出现了大型垄断企业。随后,美国出现了不少反垄断裁决的经典案例,如一度掌控了美国炼油业90%市场的标准石油公司,在1911年被拆分为30多个独立石油公司;1998年,微软被指控捆绑销售浏览器等。在垄断和反垄断的进程中,需要理解不完全竞争市场的经济学工具,产业组织理论也应运而生。产业组织理论与反垄断的历史密切交织在一起,产业组织理论的发展影响了反垄断法的实施,而垄断与反垄断的实践又为产业组织理论的发展提供了现实依据。

我们将产业组织理论和反垄断实践的发展分为三个阶段,第一阶段是在1940年前,产业组织理论仅有雏形,还难以为反垄断政策提供支持,反垄断实践主要依赖"合理推定原则";第二阶段是1940—1970年,其间哈佛大学的结构分析方法主导了反垄断实践;第三阶段是1970年后,芝加哥学派开展了不完全竞争的福利分析,并引入策略互动。接下来我们将讲述每一阶段中产业组织理论的发展及其时代背景。

1.2.1 1940年以前的反垄断实践

19世纪70年代,第二次工业革命在西欧、美国和日本展开。彼时恰逢美国南北战争结束,百废待兴。技术革命碰上需求迸发,美国进入电力、汽车、化工、石油等蓬勃发展的"新时代"。1859年,美国宾州开挖出世界第一口油井,人们疯狂涌入美国西北开挖油井。看到这种情形的洛克菲勒判断原油价格必将大跌,能赚钱的是炼油而非钻井。1870年,洛克菲勒将其炼油公司重组为标准石油公司,并同数个大型铁路公司达成秘密协议,铁路公司将给标准石油公司40%的运价折扣,这意味着其他炼油商面临比标准石油公司高出近一倍的石油运价。1872年,标准石油公司迅速收购了克利夫兰境内的22家炼油商,垄断了当地的炼油市场。站稳脚跟后的标准石油公司更加锐不可当,不断通过竞争和收购开疆拓土。到1879年,在成立9年后,标准石油公司控制了美国90%的炼油业。此后,标准石油公司向上下游进行扩展,到1890年控制了全美85%的石油相关行业,如钻油、炼油、配油等。标准石油公司的扩张引发了民间的强烈不满,也就在同一年,美国通过了《谢尔曼法》。该法第一部分禁止合谋,第二部分禁止垄断企图。1911年,美国最高法院裁定标准石油公司违反《谢尔曼法》,将其拆解为34家独立的石油公司。

在早期,《谢尔曼法》的核心是第一部分,也即防止企业的合谋行为,第二部分的反垄断在执法时受到较大限制,特别是法院确立了"合理推定原则"。这意味着不仅要审查行业是否存在垄断,还要看企业是否有明显的垄断意图或滥用市场势力的行为。1920年美国钢铁公司案中,法院认为美国钢铁公司通过一系列的并购成长为控制美国钢铁产量70%的托拉斯,但因为它没有伤害市场竞争,所以它并没有受到反垄断法的惩罚。哈佛大学的经济学家爱德华·哈斯丁·张伯伦和爱德华·S. 梅森认为,我们缺乏理解不完全竞争的经济学工具,才使得反垄断政策处于尴尬的境地。他们认为产业经济学的首要任务是通过企业的规模和其他结构特征来推断企业是否存在违法行为,以及若存在时该如何解决。正是为了给反垄断政策提供指导,产业组织理论这一新的经济学研究领域诞生了。

1.2.2 1940—1970年的结构分析方法

早期的产业组织理论关注的是不同市场结构下企业在价格、产量和投资等行为中的差异,以及由此带来的市场绩效有何不同。这也就是结构—行为—绩效分析方法(以下简称"结构分析方法")。如果在某一市场结构下,该产业的市场绩效糟糕,则应该采用法律手段进行纠正,既可以通过纠正该市场结构下的企业行为也可以改变产生这一市场行为的市场结构来解决。20世纪30—50年代的研究主要是测算市场绩效(如利润)和市场结构(如集中度)之间的关系,举例而言,通过比较不同产业,学者发现集中度高的产业利润更高,由少数大企业控制的产业会带来垄断利润。又如,广告和利润之间存在正相关关系,企业可以利用广告来建立客户忠诚度,阻止其他企业进入市场,从而拥有垄断势力并享受垄断利润。

结构分析方法成为20世纪40—60年代的反垄断政策最主要的理论基础,并带来了美国反垄断执法的转变。对于美国铝业公司的判决正是一个运用结构分析方法的重要案例。

1886年,查尔斯·霍尔发明了商业上将氧化铝转化为铝的专利。在专利保护下,霍尔持有的美国铝业公司在1909年前免受竞争。此后,由于美国对进口铝的高关税,美国铝业公司又免于与外国公司竞争。美国铝业公司也购买了大量铝土矿和发电厂(铝的生产需要大量电力)来保护其垄断地位。在1945年,巡回法官勒恩德·汉德提出美国铝业公司犯有非法垄断罪。汉德法官按三种口径计算了美国铝业公司的市场份额:

口径一:美国铝业公司的销售量/(总的铝产量+再生铝产量+进口量)= 33%

口径二:(美国铝业公司的销售量+内部使用量)/(总的铝产量+再生铝产量+进口量)= 64%

口径三:(美国铝业公司的销售量+内部使用量)/(总的铝产量+进口量)=90%

汉德法官认为第三个定义中90%的市场份额是正确的指标,尽管该公司没有实行掠夺性定价,但最后仍被判违法,被分解为多个铝业公司。

对美国铝业公司的判决是美国反垄断法的重大转变,反垄断实践从"合理推定原则"转向"本身违法"原则,也就是说,即使没有采取掠夺性行为,也会因为形成超前需求的生产能力而被判断为存在垄断意图。

1.2.3　1970年后的芝加哥学派

到了20世纪70年代,越来越多的学者意识到了结构分析方法的缺陷。结构分析方法主要有两大缺陷。第一个重要缺陷是同样的现象可以有完全不同的解释。比如看到一家企业的市场份额越大,利润率越高。如果用结构分析方法解释,是因为企业的份额大,所以市场势力强,从而有更高的利润。但也可能是因为该企业有更高的效率和更低的生产成本,所以取得了更大的市场份额,同时也获得了更高的利润率。也就是说,结构分析方法假设了市场结构是外生变量,却遗漏了企业的生产率。

第二个重要缺陷是没有考虑到企业间的策略是相互依赖、相互作用的,也就没有认识到竞争的本质。举例而言,在某些情形下,即使一个市场仅存在两家企业,也可能会产生类似完全竞争的市场结果(市场价格等于边际成本)。市场的高集中度并不必然代表市场势力和缺乏竞争,需要具体问题具体分析。

芝加哥学派之后,一些以前被认为对竞争和社会福利有害的行为,也可以被理解成是有益于消费者福利的行为。如芝加哥学派的经济学家认为供应商或经销商的特许经营权会带来消费者福利的改进。芝加哥学派的观点迅速被人们所接受,并扩散到大多数的反垄断案件中。1974年美国最高法院拒绝了美国政府对美国通用电气公司并购案的指控,其理由为并购能够节省成本,而潜在进入者能够防止垄断行为。

芝加哥学派指出了企业行为是相互影响的,然而由于时代的局限,他们没有能够连续地分析企业行为的相互作用。随着博弈论的发展,博弈论作为分析策略相互依赖的工具被应用到了不完全竞争理论的各个领域,产业组织理论再次得到进步,这也就是所谓的后芝加哥学派或"新产业组织理论"。

1.3 总结

产业组织理论是研究不完全竞争市场的理论。现实世界有多种多样的市场结构:有的市场产品同质而有的市场产品异质;企业既会展开价格竞争,也会展开广告研发等非价格竞争。因此,产业组织理论并非提供一个简单答案,而是提供一个统一的分析框架,具体问题仍需要依据具体的假设进行分析。

分析产业组织问题的关键是考虑市场主体间策略的相互依赖性。企业的决策包括价格、产量、产能、广告、研发,等等,但任何决策都需要考虑竞争对手、供应商、经销商、消费者等的反应。我们将讨论企业在某个特定的市场环境下,在考虑策略相互依赖下,是如何做出利润最大化的决策的。此外我们还将进一步考虑,企业做出这样的决策后市场结果是怎么样的;这样的结果与完全竞争的结果是否相近;如果相差较大,是否有政策可以改善资源配置效率。

本书总体安排如下:第一篇包括第一到第三章,将介绍产业组织理论的微观基础。第一章介绍了产业组织理论研究的问题和发展历程。在接下来的两章中,我们将讨论产业组织理论的两大基础理论:企业理论和非合作博弈。这两个基础理论是全书分析的基础。此外,我们还介绍了福利分析的工具。

第二篇包括第四到七章,将介绍三种基本的不完全竞争市场结构,包括垄断、寡头垄断和垄断竞争。在第四章中,我们将介绍市场结构产生的原因、如何测度市场集中度和市场势力。在第五章中,我们介绍垄断下的企业行为。第六章和第七章将分别介绍同质产品和异质产品下的寡头竞争。

第三篇包括第八章和第九章,将介绍企业的反竞争策略。第八章介绍阻止进入与掠夺性定价。在位垄断企业获得垄断利润,必定会吸引其他企业进入。新进入者会削弱在位企业的市场势力,减少在位企业的超额利润。那么在位企业会如何威慑并阻止潜在进入者进入呢?这一章将介绍在位企业的掠夺性定价等方法。第九章介绍企业的水平兼并和纵向控制。企业之间不总是相互竞争的,企业可以通过横向兼并同类公司或者纵向控制上下游公司来实现合谋。本章将介绍不同类型的兼并方案。

第四篇包括第十章和第十一章,将介绍企业的非价格竞争策略。在第十章中,我们将介绍企业的广告策略,广告可以增加市场需求,也可以向消费者发出质量信号。第十一章将介绍企业的研发策略。在本章中,我们将回答市场结构如何影响企业的研发、企业间的创新竞赛如何开展、最优的专利期限等内容。

1.4 习题

1. 分别列出一个你所观察到的完全竞争和不完全竞争的市场,并分析这两类市场的差异。

2. 如果数据表明市场集中度和利润率正相关,是否可以说明企业的市场份额越高,从而能获得的垄断利润越高?

参考文献

W. 吉帕·维斯库斯,约翰·M. 弗农,小约瑟夫·E. 哈林顿. 反垄断与管制经济学(第 3 版)[M]. 机械工业出版社,2004.

奥兹·夏伊. 产业组织:理论与应用[M]. 清华大学出版社,2005.

哈尔·R. 范里安. 微观经济学:现代观点(第 9 版)[M]. 格致出版社,2015.

林恩·派波尔,丹·理查兹,乔治·诺曼. 当代产业组织理论[M]. 机械工业出版社,2012.

斯蒂芬·马丁. 高级产业经济学[M]. 上海财经大学出版社,2003.

第二章 企业理论和福利分析

2.1 企业的边界

企业家时常面临的问题是对于某项商品或服务是"自产还是购买"。举例而言,公司是自己培训雇用保安,还是外包给专业的安保公司呢?对于这个问题的回答取决于很多因素,例如,这些商品和服务是由垄断市场还是由竞争市场提供的,如果这些商品和服务是由高度竞争的市场提供的,那么企业家可能会偏好外包。

"自产还是购买"这一问题也可以换个说法:"通过企业还是市场来组织交易活动"。1937年罗纳德·科斯在《企业的性质》中指出,企业和市场是组织交易活动的两种方式。通过价格机制来指导的交易活动称为市场机制,通过企业家的协调进行的交易活动称为企业机制。市场和企业在组织交易时都会产生交易费用,但因为不同的交易在使用不同的组织方式时所需的交易费用不一样,所以市场和企业得以并存。

交易费用不同于显性成本,指人们进行交易而产生的费用。科斯认为是市场交易存在交易成本。例如,不确定性导致发现价格存在成本;达成合约也存在成本,如为形成契约而讨价还价的成本、履行契约和惩罚违约的成本。如果交易是初次发生,那么获知交易条件的交易成本就是最主要的。如果已经形成了长期的交易关系,那么为讨价还价而发生的交易成本是最主要的。

在市场组织交易活动时会存在发现价格和达成合约的交易成本。而企业组织交易活动时,企业家可以通过指令来组织企业内的交易,不允许对方讨价还价,从而降低交易成本。上述交易也可以在不成立企业的情况下完成。例如,可以订立一个多边的合约,在合约中详尽地规定每一方的责任和回报。这种交易的确存在,但是谈判和执行的成本太高。在与供应商、客户谈判时,成立企业并以企业的名义签订一个双边合约可以大幅节省交易成本。1982年,奥利弗·威廉姆森从市场的交易成本方面定义了企业:企业是节约交易成本的组织创新的产物。

企业家的权威越高,达成交易产生的交易成本就越低。然而正如市场组织经济活动存在成本一样,在企业内部也存在管理上的规模不经济导致的管理费用。权威会带来企业的僵化,产生管理成本。随着企业规模扩大,管理成本上升。也就是说,企业扩张可以降低交易成本,但是管理成本也会随之上升。对"企业的边界"这一新古典学派经济学家没有深入研究的问题,科斯做出了一个非常新古典主义的回答,即企业的边界就是当企业扩张带来的边际管理成本等于通过市场交易购买产品和服务产生的边际交易成本之处。

新古典主义将每个企业视为一个生产单位,这个生产单位的目标是实现利润最大化,或者等价地,在给定产出水平下的成本最小化。从上面的讨论中可以看出,新古典主义主要关注狭义的生产成本,却忽略了交易成本。然而尽管新古典主义存在缺陷,它仍然为我们分析产业组织提供了核心的洞察力。对交易成本的讨论超出了本书的范围,因此,在本书中我们仍采用新古典主义的方法,将企业视为以利润最大化为目标的生产单位。

2.2 企业的目标

个人追求效用最大化,那企业追求什么呢?通常的假设是企业追求利润最大化。当企业所有权和控制权属于同一人时,企业最大化利润是合理的。而现代企业中所有权和控制权出现分离,管理者可能违背所有者的利益,此时假设企业追求利润最大化还正确吗?

对于所有权高度分散的企业来说,某个股东对管理者的影响力很小。但管理者还是会受到约束,有动力去实现企业的利润最大化。股东可以通过"用手投票"和"用脚投票"两种方式影响企业管理者。"用手投票"是指股东参与股东大会,换掉不负责的管理者。"用脚投票"是指股东可以将手中的股票卖掉。此外,还有一种约束管理者的方式——收购,如果外部投资者认为管理层不负责或能力有限,可以提出股权收购或竞争股东代理权,当投票权足够时可以替换在任的管理者,这也会对管理者形成约束。

总体而言,管理者损害所有者的利益来追求自己利益的情况确实存在,但由于所有者对管理者的约束力,假设企业的目标是利润最大化仍具有合理性。

2.3 技术与成本

2.3.1 成本函数

一个企业投入 k 种不同要素,每种要素的投入量为 $x_i, i=1,\cdots,k$,生产出数量为 Q 的产品。这一生产行为可以用生产函数描述为 $Q = f(x_1,\cdots,x_k)$,其中 $f(\cdot)$ 描述了企业的生产技术。企业选择投入要素 $(x_1,\cdots,x_k)$ 和产出 Q 来最大化企业的利润。这一问题又可以分解为两步。第一步企业在给定要素价格 $(w_1,\cdots,w_k)$ 下,选择要素投入组合 $(x_1,\cdots,x_k)$,这一选择要满足在生产出 Q 单位产品下实现成本最小化,也即如下成本最小化问题:

$$\min_{\{(x_1,\cdots,x_k)\}} \sum_{i=1}^{k} w_i x_i$$
$$f(x_1,\cdots,x_k) = Q$$

求解上述问题可以得到企业的成本函数 $C(w_1,\cdots,w_k;Q)$。成本函数表示的是企业生产数量 Q 的产品要支付的最小成本。有了成本函数后,企业第二步再选择产量 Q 来实现利润最大化。

在成本表达式中,必须确保企业使用的所有生产要素都要用市场价格计价。例如某人在自己的企业工作,他的劳动也要包含在成本当中。劳动价格是他在市场上出售自己的劳动所能得到的工资率。又如,企业自购的资本设备的成本应该按照将机器出租所能获得的租金计算。这类成本被称为**机会成本**,也即损失的在其他用途上可获得的最高回报。在会计学中,通常使用购买要素时的历史成本计价。而在经济学中,所有投入要素都应该按其机会成本计价。

在短期内,企业很难调整有些要素的投入数量,这类要素被称为**固定要素**。对于固定要素而言,无论企业是否停产都需要支付这些要素的成本。例如,房屋租赁合同中规定企业在某一时间段内租借了固定面积的厂房,无论企业生产与否都要支付租金。与固定要素对应的是可变要素,**可变要素**的数量在短期内就可以调整。短期和长期的划分并没有严格的界限,需要具体问题具体分析。在长期中,企业总可以调整所有的要素。为固定要素支出的成本就称为**固定成本**,这类成本与产量无关,无论企业是否生产都需要支付。为可变要素支出的成本被称为**可变成本**,这类成本与产量相关。

通常我们得到总成本函数的形式为 $TC(Q) = VC(Q) + F$,其中 TC 为总成本,VC 为可变成本,F 为固定成本。在总成本函数的基础上,可以计算平均成本和边际成本。**平均成本** $AC(Q)$ 又可表示为平均可变成本 $AVC(Q)$ 和平均固定成本 F/Q 之和:

$$AC(Q) = \frac{TC(Q)}{Q} = AVC(Q) + \frac{F}{Q}$$

边际成本是指为多生产一单位产出引起的额外成本的增量,数学上边际成本是总成本函数的一阶导数:

$$MC(Q) = \frac{\partial C(Q)}{\partial Q}$$

最后,我们增加另一个成本的概念——**沉没成本**。沉没成本指无法回收的成本。假设企业在租下办公场所后决定进行装修,购买 10000 元的家具并支付 5000 元的粉刷费用。由于粉刷费用一旦发生就不能回收,所以 5000 元的粉刷费用都是沉没成本。然而,购买家具的成本不全是沉没成本,企业在不想使用家具时可以将其出售获得 6000 元,那么家具产生的沉没成本是 4000 元。总的沉没成本是 9000 元。在产业组织中,当企业想进入某个市场时,通常要付出一笔沉没成本,如企业为进入市场进行调研或者购买许可证而发生的费用。在这些成本还未发生前,会影响企业是否进入市场的决策。然而一旦企业选择进入市场,这类成本就发生了,成为沉没成本,不再影响企业的决策。

2.3.2 企业的生产决策

图 2-1 描绘了典型的平均成本函数、平均可变成本函数和边际成本函数,边际成本函数从下往上穿过平均成本函数的最低点,也即在平均成本达到最小值时,平均成本与边际成本相等。证明如下:在平均成本最低的点 $Q^{\min}$,平均成本函数的斜率为 0。

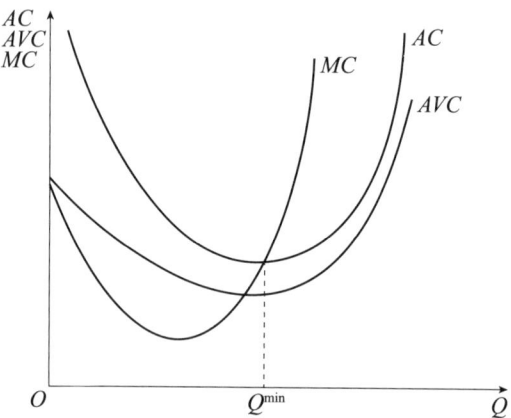

图 2-1 典型的平均成本函数 AC、平均可变成本函数 AVC 和边际成本函数 MC

$$0 = \frac{\partial AC(Q)}{\partial Q} = \frac{\partial \left(\frac{TC(Q)}{Q} \right)}{\partial Q} = \frac{MC(Q)Q - TC(Q)}{Q^2}$$

$$MC(Q^{\min}) = \frac{TC(Q^{\min})}{Q^{\min}} = AC(Q^{\min})$$

假设 $TC(Q) = F + cQ^2$,我们可以通过利用上述性质来求解使得单位成本最小的产量。

$$AC(Q) = \frac{F}{Q} + cQ = 2cQ = MC(Q)$$

$$Q^{\min} = \sqrt{\frac{F}{c}}$$

企业的生产决策与这三个成本函数均有关,企业首先根据边际收益和边际成本相等($MR(Q) = MC(Q)$)来决定最优产量。如果这一产量下的价格在平均可变成本之上,则企业会进行生产。这是由于当期的固定成本已经支付,对企业来说属于沉没成本,不影响企业决策。但如果价格低于平均可变成本,则企业会选择歇业,产量为0。

如果一个行业可以自由进出,则长期中企业的利润会趋于0。然而很多行业需要的某些要素的供给量是固定的,这会给企业进入造成阻碍。固定要素可能是由自然形成的,如石油、煤、耕地等的供给是自然决定的;也有可能是法律规定造成的,如行业的许可证。当一个行业存在阻碍其企业进入的固定要素时,新企业无法自由进入与在位企业竞争,那么在位企业可以获得正利润。然而这种思考忽略了新企业还可以通过买下在位企业来获得固定要素从而进入市场的可能。此时,虽然企业数量不改变,但潜在进入者对固定要素的竞争将抬高固定要素的租金,直至利润趋于 0。因此,固定要素的**经济租金 = 收入 - 可变成本**,这和生产者剩余是同一个概念的两个侧面。

2.4 需求函数

需求函数是在给定消费者收入等一系列影响需求的因素下,对于某一价格 p,消费者愿意并能够购买的最大产品数量。某一产品的需求函数可以表示为 $Q(p;x)$,p 表示该产品的价格,x 表示影响产品需求的各种因素,如收入、替代品价格和互补品价格等。此处,我们暂时只考虑产品自身价格影响产品需求的情况,如用到更复杂的需求函数时本书会特别说明。

常用的需求函数有两种。第一种是线性需求函数:$Q(p) = a - bp$,如图 2-2 所示。线性需求函数上各点的需求价格弹性不同:

$$\eta_p(Q) = -\frac{\frac{\partial Q(p)}{\partial p}}{\frac{Q}{p}} = \frac{bp(Q)}{a - bp(Q)}$$

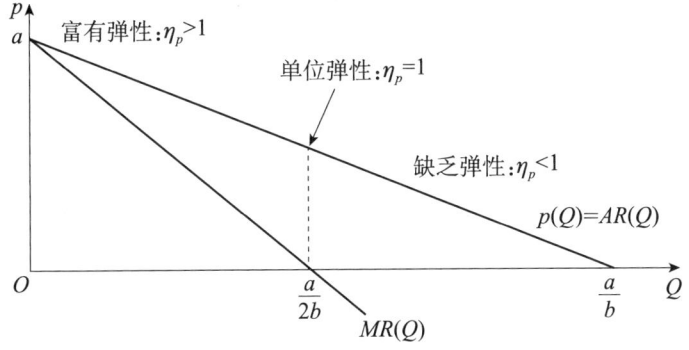

图 2-2 线性需求函数及其边际收益

另一种常用的需求函数为不变弹性需求函数:$Q(p) = ap^{-\varepsilon}$,如图 2-3 所示。该函数的特性是函数上各处的需求价格弹性不变:

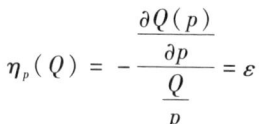

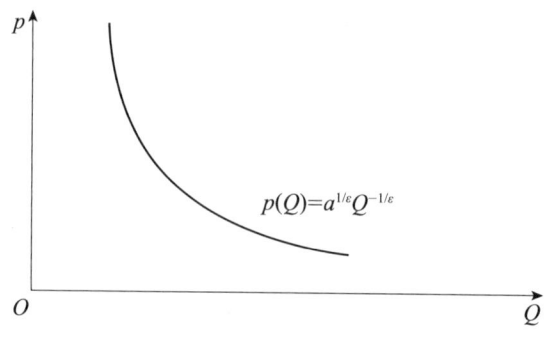

图 2-3 不变弹性的需求函数

需求价格弹性度量的是价格变化1%时需求量变动的百分比。如果需求价格弹性大于1,则称为富有弹性,意味着价格的变动将带来需求量更大幅度的变动。如果需求价格弹性小于1,则称为缺乏弹性。如果需求价格弹性等于1,则称为单位弹性。

产品的卖方得到的总收益 $TR(Q) = P(Q)Q$,其边际收益为

$$MR(Q) = \frac{\mathrm{d}TR(Q)}{\mathrm{d}Q} = p(Q) + p'(Q)Q = p(Q)\left[1 - \frac{1}{\eta_p(Q)}\right]$$

可见,在需求曲线缺乏弹性的地方,降低产量来提价可以增加收入。

2.5 应用:不同工厂的产量分配

假设企业可以把产量 Q 在工厂 a 和工厂 b 之间分配,$Q = q_a + q_b$,两个工厂的成本函数分别为 $C_1(q_a)$ 和 $C_2(q_b)$,则企业应该如何分配其产量呢?答案是分配产量使得不同工厂的边际成本一致且等于边际收入。

$$MC_a(q_a) = MC_b(q_b) = MR(Q)$$

图2-4 中展示了两个工厂的边际成本函数 MC_a 和 MC_b,且 $MC_a(q) < MC_b(q)$。两个工厂的边际成本函数横向加总就是企业的边际成本函数 MC。对于价格接受型企业,边际收益等于价格($MR(Q) = p$)。如果价格高于 b 工厂边际成本函数的纵轴截距,则企业会在两个工厂之间分配产量,使得

$$p = MC_a(q_a) = MC_b(q_b)$$

如果价格低于 b 工厂边际成本函数的纵轴截距，则企业会选择由 a 工厂生产全部产量，此时 $MC_a(q_a) = MC(Q) = p$。

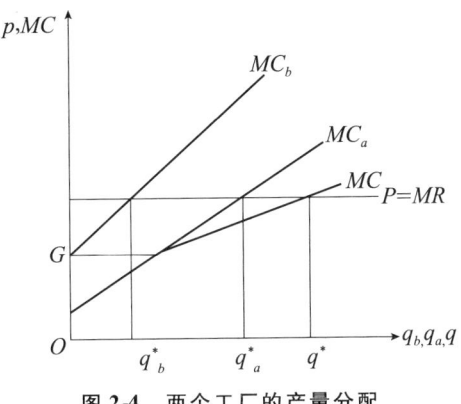

图 2-4　两个工厂的产量分配

2.6　福利分析

有了需求曲线和成本曲线后，我们可以引入消费者剩余和生产者剩余进行福利分析。

给定市场价格，**消费者剩余**为需求曲线以下、市场价格以上的区域。消费者剩余测度了消费者从交易中获得的好处。对于市场价格和产品量，消费者最多愿意支付的价格是需求曲线以下的面积。假设只有一个价格，那么消费者实际支付的价格为市场价格以下的区域，消费者获得的好处就是需求曲线以下、市场价格以上的区域（图 2-5 中的 CS）。

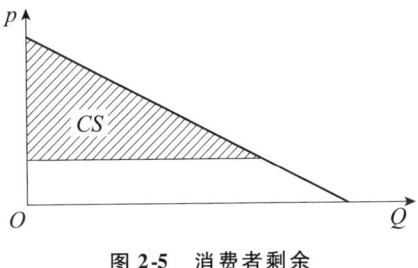

图 2-5　消费者剩余

生产者剩余测度生产者从交易中获得的好处，即总收入减去边际成本曲线下方的面积(见图 2-6 的区域 PS)。在完全竞争市场中,边际成本曲线也即供给曲线。

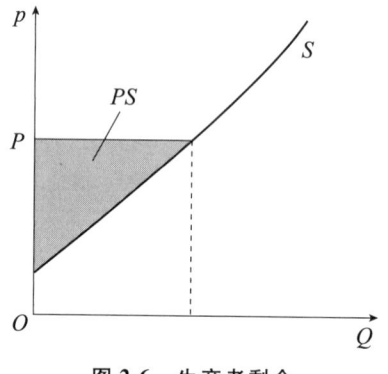

图 2-6　生产者剩余

我们可以使用消费者剩余和生产者剩余分析各类政策或市场结构的收益和成本。以最高限价为例。如果不干预市场,在均衡时的价格和销量为 (p_0, q_0)。如果政府认为价格太高,将价格限制为 p_c,则会出现供不应求,供给量 q_c。买到产品的消费者会再次交易产品,最后评价最高的消费者会以价格 p_e 买到产品,消费者剩余变为 CS。从图 2-7 中可知,限价后,消费者剩余和生产者剩余分别减少至区域 CS 和 PS。

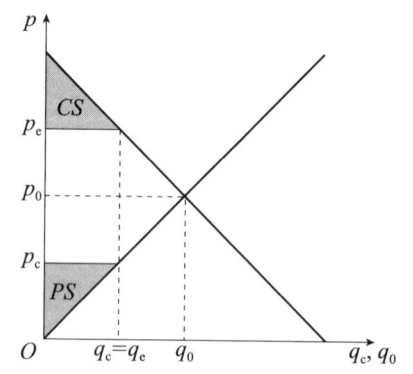

图 2-7　最高限价下的消费者和生产者剩余

2.7　总结

本章的前两节介绍了企业的边界和目标。新古典主义并没有考虑交易成本,未探究企业的边界。虽然存在这样的缺陷,但新古典主义已经能为我们提供足够的见解,因此在本书中,我们仍然采取新古典的生产技术。虽然现代企业管理权和所有权分离,但仍然存在各类约束使得管理层会最大化企业的利润。

在第3节中,我们重点介绍了企业的技术和成本函数,并介绍了机会成本、沉没成本、可变成本、固定成本、经济租金等概念。在第4节中,我们介绍了需求函数。在第5节中,我们举例说明如何使用需求函数和成本函数分析企业在不同工厂间的产量分配问题。

最后,本章还介绍了如何使用消费者剩余和生产者剩余进行福利分析。这一工具可以让我们比较不同市场结构下的福利状况,为政策提供建议。

2.8 习题

1. 企业的利润最大化目标总是与最大化股票市场价值相一致吗?

2. 某一农户声称自己用1元钱的种子就能收获20元的产出,利润率高达20倍,这样的描述是否正确呢?(提示:机会成本)

3. 企业使用的固定要素价格下降,可变要素价格不变,追求短期利润最大化的企业将会如何反应?

4. 如果对某种商品征税,画出消费者剩余损失、生产者剩余损失、税收收入以及效率损失。

5. 出租车公司认为,只有提升打车费才能吸引更多技术熟练的司机。然而,某位经济学家提出,提升打车费只会增加出租车牌照的租金,不能提高司机的实际收入。你如何评价这一观点?

参考文献

W. 吉帕·维斯库斯,约翰·M. 弗农,小约瑟夫·E. 哈林顿. 反垄断与管制经济学(第3版)[M]. 机械工业出版社,2004.

奥兹·夏伊. 产业组织:理论与应用[M]. 清华大学出版社,2005.

哈尔·R. 范里安. 微观经济学:现代观点(第9版)[M]. 格致出版

社,2015.

杰克·赫舒拉发,阿米亥·格雷泽,大卫·赫舒拉发.价格理论及其应用:决策、市场与信息(第7版)[M].机械工业出版社,2009.

林恩·派波尔,丹·理查兹,乔治·诺曼.当代产业组织理论[M].机械工业出版社,2012.

斯蒂芬·马丁.高级产业经济学[M].上海财经大学出版社,2003.

第三章 非合作博弈理论基础

博弈论研究理性行为者之间的交互影响。在一个非完全竞争市场中,根据市场结构的不同,一家企业的决策对于市场中其他企业的影响或高或低。例如在由少数竞争企业组成的行业中,每个企业的任何行动(如价格和产量的选择、研发和广告营销)都会对其他企业的利润水平有显著影响,同时企业也都意识到其他企业的行动也会对自身的利润产生影响,因此各个企业的决策实际上是互相制约的。我们可以借助博弈论来分析和预测此类行业中的企业行为。

博弈分为合作博弈与非合作博弈。本书所用的博弈论限于**非合作博弈**。博弈有两种表达方式,一种是标准型博弈(normal form game),另一种是扩展型博弈(extensive form game)。

在本章中,我们首先介绍博弈的两种形式,然后介绍博弈的均衡概念,最后讨论一种在产业组织理论中被广泛应用的博弈——重复博弈。

3.1 博弈的两种形式

3.1.1 标准型博弈

【定义】标准型博弈

一个标准型博弈用下面三个要素来描述:博弈者(player)、行动集(action set)与支付函数(payoff function)。

① N 个**博弈者**,表示为集合 $I = \{1, 2, \cdots, N\}$。

② 对于每个博弈者 $i \in I$,有一**行动集** A_i,它是博弈者 i 可以采取的所有行动的集合。令 $a_i \in A_i$ 表示 i 所采取的特定行动。这样,博弈者 i 的行动集可

以表示为 $A_i = \{a_i^1, a_i^2, \cdots, a_i^k\}$,其中,$k$ 是 i 所有可能行动的数目。

每一位博弈者 i 所选择的行动组成了一个序列,$a \equiv (a_1, a_2, \cdots, a_i, \cdots, a_n)$,我们称之为该博弈的一个**结果**(outcome)。

③ 每一个博弈者 i 有一个**支付函数** π_i,它决定了博弈者 i 的收益。对于该博弈的每一结果 a,该函数取一实数值 $\pi_i(a)$。

【例 3-1】囚徒困境博弈(prisoner's dilemma)

标准型博弈可以用矩阵来描述。经典的例子是囚徒困境博弈。警局知道两人在一个案件中是同伙,但是起诉的证据很弱。警察将两个犯人分开监禁。如果两人都不招供,那么警局只能从轻发落,各监禁 1 个月;如果一人招供,一人不招供,则招供的人将被无罪释放,而不招供的人将被施以重刑,即监禁 36 个月;如果两人都招供,那么警局将两人都监禁 24 个月。

囚徒困境博弈可以用表 3-1 表示。第一,博弈者有 2 个,即 $N=2$;第二,每个博弈者有两个可以采取的行动,即 $A_1 = A_2 = \{$不招供,招供$\}$;第三,支付矩阵中带数字的四个方格表示四种结果下每个博弈者的支付,若结果为 $a = \{$不招供,招供$\}$,则 $\pi_1(a) = \pi_1($不招供,招供$) = -36$,$\pi_2(a) = \pi_2($不招供,招供$) = 0$。

表 3-1 囚徒困境

		犯人 2	
		不招供	招供
犯人 1	不招供	−1,−1	−36,0
	招供	0,−36	−24,−24

【例 3-2】古诺寡头模型(Cournot duopoly)

两家企业进行产量竞争,他们同时决定各自的产量 q_1, q_2,因此总产量为 $Q = q_1 + q_2$。市场需求曲线为 $p(Q) = \max\{a - Q, 0\}$。单位成本函数为 $c(q_i) = c q_i$。

在上述古诺寡头模型中,行动集 $A_i = \{q_i | q_i \in [0, \infty)\}$,支付函数 $\pi_i(a) = \pi_i(q_1, q_2) = p(Q) \cdot q_i - c q_i$。

3.1.2 扩展型博弈

标准型博弈适用于**同时发生**的博弈,但是当博弈有多个阶段或非同时发生时,用标准型来描述博弈就不太容易了,此时扩展型博弈可以更好地刻画**先后发生**的博弈。

【例 3-3】一个简单的扩展型博弈

图 3-1 表示了一个扩展型博弈。博弈者 1 先行动,选择 L 或者 R。在看到博弈者 1 做的选择之后,博弈者 2 再选择行动 l 或者 r。

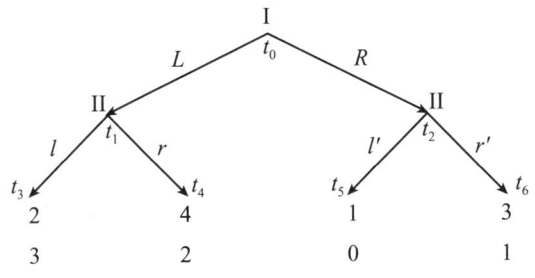

图 3-1　一个完美信息扩展型博弈的例子

图 3-2 表示了另一个博弈。与图 3-1 不同的是,博弈者 2 在做行动的时候并不能看到博弈者 1 的行动,此时,我们说结点 t_1 和 t_2 在同一个**信息集**中(用虚线表示)。在该博弈中,信息是不完美的(imperfect information)。本书着重讨论**完美信息博弈**,即所有信息集都是单点集。

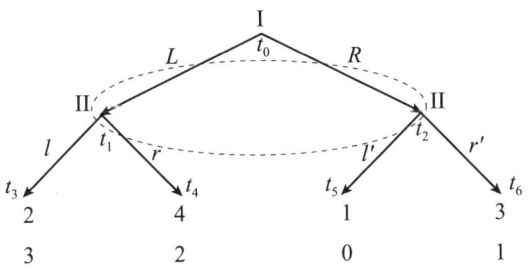

图 3-2　一个不完美信息扩展型博弈的例子

【定义】扩展型博弈

一个**完美信息扩展型博弈**可以由以下几点来描述:

① 一个**博弈树**(game tree),它包含一个**始结点**、其他**决策结点**、**终结点**,以及连接每个决策结点与相继结点的**支线**。

② N 个博弈者,表示为 $i \in I = \{1,2,\cdots,N\}$。

③ 在每个决策结点,位于该结点上的博弈者选择决策行动。

④ 对于每个博弈者 i,在其必须要作决策的每个结点上,i 有一组特定的

行动集。

⑤ 在每个终结点,每个博弈者有一个特定的支付。

【定义】 扩展型博弈的策略与结果

博弈者 i 的一个**策略**(表示为 s_i)是 i 的一组完整的行动计划。它定义在该博弈者需要做出行动的每个决策结点上。博弈者 i 的所有策略构成了他的策略集 S_i。所有博弈者选择的策略共同构成了该博弈最终的**结果**。

【例 3-3-续】 在图 3-1 表示的博弈中,每个博弈者的策略集是什么?

博弈者 1 的策略集为 $S_1 = \{L, R\}$。博弈者 2 的策略集为 $S_2 = \{ll', rr', lr', rl'\}$,它表示博弈者 2 有 4 个可行的策略:$ll', rr', lr', rl'$。其中,$lr'$ 表示若看到博弈者 1 选择 L,则博弈者 2 选择 l;若看到博弈者 1 选择 R,则博弈者 2 选择 r';依此类推。

定义了扩展型博弈的策略之后,我们就可以写出一个扩展型博弈的标准型表示。图 3-1 的标准型表示如表 3-2 所示。

表 3-2 扩展型博弈的标准型表示

		博弈者 2			
		ll'	rr'	lr'	rl'
博弈者 1	L	2,3	4,2	2,3	4,2
	R	1,0	3,1	3,1	1,0

3.2 均衡概念

我们分析一个博弈是为了预测博弈的结果。但是一个博弈可能有很多种结果,我们一般只关心其中的一部分结果,此时参与博弈的各方都不会主动改变自己的策略或行动,从而形成一个相对稳定的结果,我们把这样的结果叫作**均衡**。在本节中,我们将依次介绍三种找出均衡的方法:占优行动均衡、纳什均衡和子博弈完美均衡。

3.2.1 占优行动均衡

为了方便讨论,我们将博弈的一种结果表示为 $a = (a_i, a_{-i})$。其中,$a_{-i} \equiv (a_1, a_2, \cdots, a_{i-1}, a_{i+1}, \cdots, a_n)$ 表示除了 i 以外其他人行动的集合。

【定义】占优行动

如果不管其他所有博弈者采取什么行动,博弈者 i 总是能够通过采取行动 $\tilde{a}_i$ 而获得最大支付,则行动 $\tilde{a}_i \in A_i$ 是博弈者 i 的**占优行动**(dominant action)(或称为占优策略,dominant strategy)。正式表述为:对于除 i 以外的所有博弈者选择的任何 a_{-i},都有

$$\pi_i(\tilde{a}_i, a_{-i}) \geq \pi_i(a_i, a_{-i}), \quad 任意 a_i \in A_i$$

【定义】占优行动均衡

占优行动均衡是每一个博弈者都采取占优行动的结果。正式地,如果 $\tilde{a}_i$ 是博弈者 i 的占优行动,则结果 $(\tilde{a}_1, \tilde{a}_2, \cdots, \tilde{a}_N)$ 被称为**占优行动均衡**。

【例 3-1-续】 找出囚徒困境博弈的占优行动均衡。

首先,我们可以证明"招供"是犯人 1 的占优行动。因为无论犯人 2 采取什么行动,犯人 1 选择"招供"总能获得最大的收益。比如,若犯人 2 选择"不招供",则犯人 1 选择"招供"能得到 0,大于他选择"不招供"的收益 -1;若犯人 2 选择"招供",则犯人 1 选择"招供"能得到 -24,大于他选择"不招供"的收益 -36。同理,"招供"也是犯人 2 的占优行动。

由于犯人 1 的占优行动是"招供",犯人 2 的占优行动也是"招供"。于是,(招供,招供)就是该博弈的占优行动均衡。

【例 3-4】性别之战

我们想用"性别之战"的例子说明,在某些博弈中,占优行动均衡并不存在。性别之战如表 3-3 所示,这个博弈也可以称为协调博弈。可以证明,这个博弈不存在占优行动均衡。

表 3-3 性别之战不存在占优行动均衡

		张先生	
		看球赛	看电影
李小姐	看球赛	1,2	0,0
	看电影	0,0	3,1

3.2.2 纳什均衡

【定义】纳什均衡

结果 $\hat{a} = (\hat{a}_1, \hat{a}_2, \cdots, \hat{a}_N)$ 被称为**纳什均衡**(其中,对于每一个 $i = 1, 2, \cdots$,

$N, \hat{a}_i \in A_i)$，如果没有任何人可以通过背离他在纳什均衡中的策略而获得更高的收益（在假定其他人都实行纳什均衡的策略的情况下）。正式地，如果对于每个 $i = 1, 2, \cdots, N$，都有

$$\pi_i(\hat{a}_i, \hat{a}_{-i}) \geq \pi_i(a_i, \hat{a}_{-i}), \quad \text{任意 } a_i \in A_i$$

纳什均衡可能有一个，也可能有多个。比如，在囚徒困境中，存在唯一的纳什均衡（招供，招供）。在性别之战中，存在两个纳什均衡（看电影，看球赛）和（看球赛，看电影）。

【例 3-2-续】古诺寡头模型：使用最优反应函数求解纳什均衡

在古诺寡头模型中，企业 1 选择产量 q_1，使利润最大化：

$$\max_{q_1} \pi_1(q_1, q_2) = p(Q) \cdot q_i - cq_i = (a - q_1 - q_2) \cdot q_1 - c \cdot q_1$$

得出企业 1 的最优反应函数：

$$q_1(q_2) = (a - c - q_2)/2$$

同理，企业 2 的最优反应函数：

$$q_2(q_1) = (a - c - q_1)/2$$

两条最优反应函数的交点即为纳什均衡，即

$$(\hat{q}_1, \hat{q}_2) = \left(\frac{a-c}{3}, \frac{a-c}{3}\right)$$

3.2.3 子博弈完美均衡

与同时决策的静态博弈不同，还有一些博弈的参与者有行动先后的顺序，我们把这类博弈称为动态博弈。动态博弈的均衡往往会更加复杂，我们有时会得出多重纳什均衡。那么哪些纳什均衡是更加可靠且有说服力的？为了回答这一问题，在本节中，我们在纳什均衡的基础上定义一个新的均衡概念，它施加了一些限制条件，用以消除一些看似不合理的均衡结果，使均衡结果限制在一个更小的集合之内。

【例 3-5】在位者和进入者博弈

图 3-3 是经典的进入博弈。市场上有一家在位者企业（incumbent）和一家潜在的进入者企业（entrant）。现在，进入者企业首先决定是否进入，在位者企业再决定是否打击进入者。为了找出该博弈的纳什均衡，我们可以将该博弈写成标准型，如表 3-4 所示。可以得到两个纳什均衡结果：（进入，容忍）和（不进入，打击）。值得注意的是，（不进入，打击）之所以能够成为一个纳

什均衡,是因为进入者企业害怕在进入之后受到打击。但"打击"实际上是一个不可置信的威胁(incredible threat)。一旦进入者企业进入,在位者企业的最优选择是"容忍",而不是"打击"。使用"子博弈完美均衡"这个概念,我们就可以将这种"不合理"的均衡排除掉。

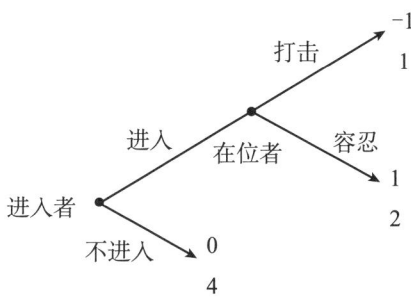

图 3-3　在位者和进入者博弈:扩展型

表 3-4　在位者和进入者博弈:标准型

		在位者	
		打击	容忍
进入者	进入	−1,1	1,2
	不进入	0,4	0,4

【定义】子博弈

子博弈产生于原博弈的一个决策结点,由该结点以及在该结点之后并与该结点紧密相连的其他决策结点和终结点构成。若某个子博弈不同于原博弈,则称之为**严格子博弈**。

在上面的进入博弈中,一共有 2 个子博弈,其中一个是该博弈本身,另一个如图 3-4 所示,它是一个严格子博弈。

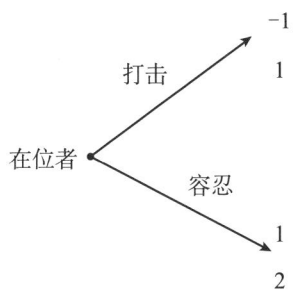

图 3-4　"进入博弈"中的严格子博弈

【定义】子博弈完美均衡

若博弈者的策略在每个子博弈都构成一个纳什均衡,则称该纳什均衡为**子博弈完美均衡**(subgame perfect equilibrium,SPE)。子博弈完美均衡要求参与者在任一时点上都能找到最优选择。

我们可以用"后向归纳法"(backward induction)求解子博弈精炼均衡。具体来说,先找到最靠近终结点的子博弈,找出它的纳什均衡。然后逐步往前推,直至达到起始结点。

3.3 重复博弈

重复博弈(repeated game)是一次性博弈(one-shot game)的多次重复。分析重复博弈的重要性在于,在某种情形下,一次性博弈中不是均衡结果的合作结果在重复博弈中可能作为均衡结果出现。

3.3.1 重复博弈的标准表述

重复博弈是某种特殊的扩展型博弈。在该博弈中的每一期,所有博弈者都同时行动。每个博弈者都观察到了前期所有博弈者的行动。

在囚徒困境一例中,假定博弈重复 T 次,且 T 为有限的正整数。假定每个博弈者的时间的贴现因子(time discount parameter)为 ρ,$0 < \rho < 1$。

令 a_i^t 表示博弈者 i 在 t 期所采取的行动,$i = 1, 2$,$t = 1, 2, \cdots, T$。令 $\pi_i^t(a_1^t, a_2^t)$ 为 t 期对 i 的支付。其中,每一期的 π_i^t 都由表3-1给出。因此,当博弈重复了 T 次以后,i 的支付为

$$\prod_i = \sum_{t=1}^{T} \rho^{t-1} \pi_i^t(a_1^t, a_2^t) = \pi_i^1(a_1^1, a_2^1) + \rho \pi_i^2(a_1^2, a_2^2) + \cdots \\ + \rho^{T-1} \pi_i^T(a_1^T, a_2^T),\text{如果 } T < \infty$$

$$\prod_i = \sum_{t=1}^{T} \rho^{t-1} \pi_i^t(a_1^t, a_2^t) = \pi_i^1(a_1^1, a_2^1) + \rho \pi_i^2(a_1^2, a_2^2) + \cdots,\text{如果 } T = \infty$$

3.3.2 有限期重复博弈

考虑重复有限次的囚徒困境博弈。在一次性博弈中,(招供,招供)是唯一的纳什均衡。

对于任何有限的、整数期的博弈而言,重复 T 期的囚徒困境博弈具有**唯一**的子博弈完美均衡,即每个犯人每一期都选择招供。用逆向归纳法即可证明。

3.3.3 无限期重复博弈

假定 $T=\infty$。无限期重复博弈与有限期重复博弈的区别在于,前者不可以利用逆向归纳的方法,因为**不存在**可以开始逆向归纳过程的最后时期。

考虑重复无限次的囚徒困境博弈。下面我们证明,每个人在每一期都选择"不招供"能够成为该博弈的一个子博弈完美均衡。

【定义】触发策略(trigger strategy)

只要所有的博弈者在 $\tau-1$ 期是合作的(不招供),那么,博弈者 i 在 τ 期就采取合作策略。但是,如果任一博弈者在 $\tau-1$ 是不合作的(招供),那么,博弈者 i 从 τ 期开始并且将永远采取不合作策略。

正式地,如果对于每一个时期 $\tau, \tau=1,2,\cdots,$

$$a_i^\tau = \begin{cases} \text{不招供}, & \text{如果在所有时期 } t=1,2,\cdots,\tau-1, a_i^t = a_j^t = \text{不招供} \\ \text{招供}, & \text{在其他任何条件下} \end{cases}$$

那么,我们就说博弈者 i 正在采取一个触发策略。

为方便证明,我们将囚徒困境重新表述为表3-5。

表3-5 囚徒困境

		犯人2	
		不招供	招供
犯人1	不招供	$-1, -1$	$-10, 0$
	招供	$0, -10$	$-8, -8$

(1)第一步,证明触发策略是一个纳什均衡。

假定犯人 j 实行上述触发策略,那么犯人 i 会不会偏离合作路径呢?如果 i 在某一期实行"招供",他在该期可以获得 0(而不是 -1),但是这却永远地触发了犯人 j 的"招供",即之后的每一期,i 都只能获得 -8。因此,给定 j 坚持触发策略且 j 没有首先"招供",那么在下面的条件满足时,i 也会一直选择"不招供":

$$0 + \rho(-8) + \rho^2(-8) + \cdots \leqslant -1 + \rho(-1) + \rho^2(-1) + \cdots$$

即 $\rho \geq 1/8$

现在假定 j 首先选择了"招供",那么 i 有没有动力坚持触发策略,来惩罚 j 呢?答案是肯定的。给定 j 坚持触发策略,j 一旦"招供",将永远"招供"。此时若 i 选择"招供",他将得到 -8;而选择"不招供",他将得到 -10。因此,i 有动力选择"招供"来惩罚 j。

(2)第二步,证明这个纳什均衡是一个子博弈完美均衡。

我们可以将所有子博弈分为两类,分类依据是子博弈的历史。第一类是没有任何人曾经"招供"的子博弈,第二类是曾经出现过有人"招供"的子博弈。我们已经证明了,在第一类子博弈中,触发策略是一个纳什均衡。在第二类子博弈中,由于(招供,招供)是单阶段博弈的纳什均衡,所有人都没有动力偏离它。

由此,我们完成了证明:在 $\rho \geq 1/8$ 的条件下,即博弈者有足够的耐心时,触发策略是无限期囚徒困境博弈的一个子博弈完美均衡。(不招供,不招供)成了每一期博弈的结果,而这在一次性囚徒困境中是不可能出现的。究其原因,由于重复无穷期,而且博弈者足够耐心,当期背叛得到的收益相比于未来无穷期的惩罚,显得那么微不足道。

3.4 总结

本章介绍了博弈论的基本概念。博弈有两种表现形式,标准型和扩展型。标准型适用于描述**同时发生**的博弈,而扩展型适用于描述**先后发生**的博弈。

一个博弈可能有很多种结果,我们需要将所有结果的集合缩小到一个较小的集合内,这个集合就叫作**均衡结果**。我们介绍了三种找均衡的方法。**占优行动均衡**是每一个博弈者都采取占优行动的结果。在**纳什均衡**中,假定其他人的策略不变,没有任何人可以通过背离纳什结果的策略而获得更高的收益。(纯策略)纳什均衡可能有一个,可能有多个,也可能不存在。若博弈者的策略在每个子博弈都构成一个纳什均衡,则称该纳什均衡为**子博弈完美均衡**。使用这个概念,我们可以进一步将纳什均衡结果限制在更小的集合内。

最后我们讨论了一种在产业组织理论中被广泛应用的博弈——**重复博**

弈。分析重复博弈的重要性在于,在某种情形下,一次性博弈中不是均衡结果的合作结果,在重复博弈中可能作为均衡结果出现。比如,当博弈者有足够的耐心时,触发策略是无限期囚徒困境博弈的一个子博弈完美均衡。合作解成了每一期博弈的结果,而这在一次性囚徒困境中是不可能出现的。

3.5 习题

1. 证明表 3-3 描述的性别之战博弈不存在占优行动均衡。

2. (1) 写出表 3-1 描述的囚徒困境博弈中犯人 1 和犯人 2 的最优反应函数,并确定哪些结果构成纳什均衡。

(2) 写出表 3-3 描述的性别之战博弈中李小姐和张先生的最优反应函数,并确定哪些结果构成纳什均衡。

3. 对于图 3-1 表示的博弈,

(1) 找出该博弈的纳什均衡。

(2) 该博弈共有几个子博弈?用后向归纳法找出该博弈的子博弈纳什均衡。

第二篇

市场结构与
策略互动

第四章 市场结构与市场势力

市场结构指市场中企业、消费者内部及两个群体之间的相互关系,不同的产品市场具有不同的市场结构。比如,石油生产是典型的寡头垄断市场,市场中少数企业占据了几乎全部的市场份额,而小麦市场近乎完全竞争。为什么现实中不同市场的结构不一样?换言之,市场结构是由哪些因素决定的呢?

在本章中我们将讨论市场结构与市场势力。在第一节中,我们将分析不同的市场结构是如何形成的。我们主要考虑三个因素:技术与成本、网络外部性以及政府管制。在第二节中,我们介绍如何准确地描述市场结构、市场结构的分类以及市场结构的测度。在第三节中,我们介绍如何测度市场势力,并将其应用于估算垄断的福利损失。

4.1 市场结构形成的原因

4.1.1 技术与成本

1. 规模经济与市场结构

规模经济描述了当产量增加时,平均成本不断降低的变化情况。图 4-1 显示了一家典型企业的平均成本 AC 和边际成本 MC 随产量变化的关系。当平均成本大于边际成本时,平均成本会随着产量增加而下降;当平均成本小于边际成本时,平均成本会随着产量增加而增加。当平均成本随着产量增加而下降时,就存在**规模经济**;当平均成本随着产量增加而增加时,就是规模不经济。我们定义产出的**最小有效规模**为在规模经济被充分利用处选择产量,即在图 4-1 的 $q^{\min}$ 处。

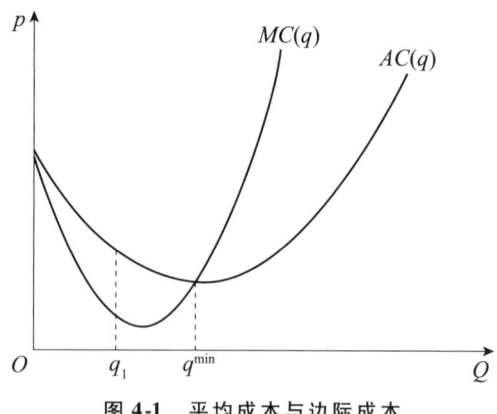

图 4-1 平均成本与边际成本

当相对于市场总需求而言,规模经济的产量范围非常大时,市场上只有少数几家企业能够生存。也就是说,**较大的规模经济会导致市场的集中化**。为了说明这一点,我们需要知道,当市场总需求相对较小时,会发生什么。如图 4-2 所示,如果市场需求较小,在 $MC=MR$ 处,产品价格低于平均成本,长期中,企业会停止生产。

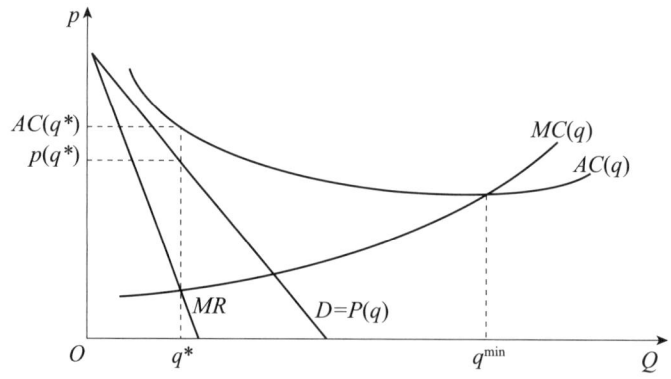

图 4-2 需求较弱意味着在 $MC=MR$ 时产品价格低于平均成本

如果规模经济是全局性的,即企业在任何的产量水平下都有规模经济,那么会出现自然垄断市场。"自然"一词是指,在这一市场中,垄断是自然形成的。因为在这样的市场中,由一家企业来生产全部的产量,成本会低于由几家企业各自生产一部分产量,那么随着这家企业产量的增加,其他竞争企业会因为丧失竞争力而退出市场,最后形成垄断的市场结构。

2. 进入成本与市场结构

当企业想进入某个市场时,通常要付出一笔**沉没成本**,如企业为进入市场进行调研或者购买许可证而发生的费用。在这些成本还未发生前,这些会影响企业是否进入市场的决策。然而一旦企业选择进入市场,这类成本就发生了,成为沉没成本,不再影响企业的决策。

如果进入市场需要发生一笔沉没成本,那么企业只有在预期到它进入之后的获利能够弥补沉没成本时,才会选择进入。较高的进入成本会阻碍一些企业进入,因此**高进入成本意味着较少的企业数量和较高的集中度**。

3. 市场规模与市场结构

一个通常的观点是,市场规模越大,行业的集中度会越低。原因在于,在保持进入成本不变的情况下,企业预期到的利润随着市场规模(用总销售额来衡量)的扩大而增加,因此会有更多企业选择进入。

然而,Sutton(1991,2001)对这样一种观点提出了质疑。他指出,这样一种关系在许多行业中并不存在,尤其在那些竞争主要取决于广告或者研发的行业中。因为这些成本不仅是沉没成本,而且是**内生**的。在这些行业中,广告或者研发这些沉没成本会随着市场规模扩大而增加。在这样的情况下,越来越高的进入成本会阻碍新企业的进入,也就是说,**市场规模越大,行业集中度反而会越高**。

4.1.2 非成本因素:网络外部性和政府管制

某些产品对消费者的价值会随着其他消费者的数量增加而增加。典型的例子就是社交软件(如微信)。如果只有一个人使用该社交软件,那么它基本上就是无用的。但是随着用户越来越多,使用微信对每个消费者来说价值都提高了。这就是**网络外部性**:随着更多的消费者购买该产品,单个消费者对其愿意支付的价格上升。这也可以说是需求方面的规模经济。网络外部性可能会使得大企业的优势长期存在且越来越明显,导致较高的市场集中度。

政府管制对市场结构的作用毋庸置疑。政府常常对提供特定产品和服务的企业的数量和准入进行限制。因此,公共政策会对市场结构产生重要的影响。

4.2 市场结构

4.2.1 如何描述市场结构

我们把市场结构定义为在一个给定的行业或市场中对企业行为的描述。定义企业行为需要包含以下要素:

(1) 可供企业选择的行动。比如,选择价格、生产数量、产品质量以及销售地点。

(2) 行业中的企业数量以及这个数量是否固定不变,新企业是否能够自由进入。

(3) 企业对竞争企业行为的预期,以及竞争企业如何做出反应。

(4) 企业对行业中的企业数量和潜在进入情况的预期。

这样,确定一个市场结构等同于确定企业之间的博弈规则。

4.2.2 市场结构的分类

图 4-3 列出了常见的市场结构。市场结构可以分成两类:完全竞争的和不完全竞争的。竞争性市场结构假定每个企业的行动集合是其生产数量,而且每个企业都把市场价格视为给定的,市场价格由市场需求曲线与行业总供给曲线的交点决定。

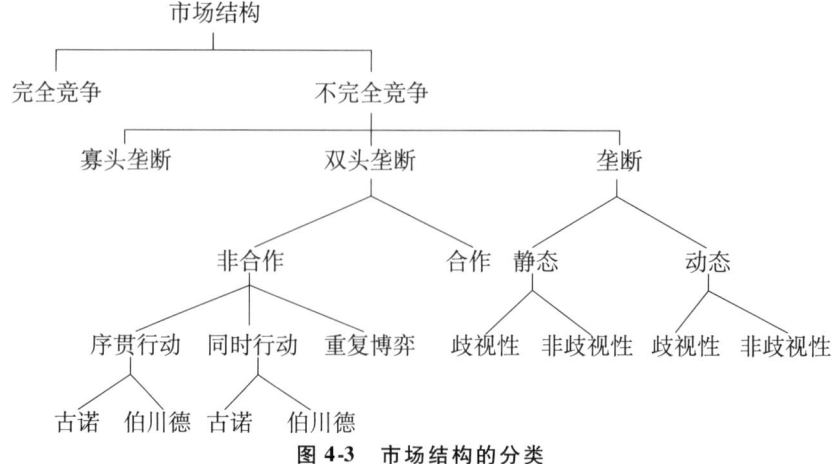

图 4-3 市场结构的分类

在不完全竞争的市场结构中，读者通常最为熟悉的是下一章会详细探讨的垄断市场结构。在这种市场结构下，只存在一个卖方，他可以在消费者的总需求曲线上选择任何一个价格－产出组合。给定市场需求曲线中暗含的价格和数量之间的一一对应关系，垄断者可以通过选择产量从而决定价格；反之亦然。垄断市场结构可以划分为静态的（垄断者只卖出其产品一次）和动态的（垄断者在一个以上的时期卖出其产品）。此外，垄断市场结构可分为歧视性的和非歧视性的垄断。歧视性垄断者可以把产品按不同的价格卖给不同的消费者，赚取高于非歧视性垄断者的利润。

双头垄断（两个卖方）和寡头垄断（多于两个卖方）的市场结构，可以分为合作的和非合作的。合作行为可以定义为企业通过共同生产垄断者利润最大化的产出水平或收取垄断价格而进行的共谋。非合作行为，既可以通过使用一次性博弈加以建模，在一次性博弈中，所有企业同时选择其策略变量（生产数量或价格）一次；又可以从动态上加以建模，在动态情况下，企业按照次序行动。无论企业是同时行动，还是按照次序行动，它们要么选择价格（伯川德情形），要么选择产量（古诺情形）。

4.2.3 衡量市场结构

判断市场结构的核心指标是市场集中度。市场集中度描述了市场份额的集中程度，受到企业数目和产量在企业中分配情况的共同影响。下面我们介绍测度市场集中度的两个常用指标。

令 S_i 代表企业 i 的市场份额，$S_i = q_i/Q$，$i = 1, 2, \cdots, N$，$\sum_1^N S_i = 1$。

1. m 个企业集中度比率（m-firm concentration ratio，CR 指数）

$$I_m = \sum_1^m S_i \tag{4-1}$$

其中，企业市场份额的排序为：$S_1 \geq S_2 \geq S_3 \geq \cdots \geq S_m \geq S_N$。也就是说，企业集中度比率是把 m 个最高的份额相加。

2. 赫芬达尔－赫希曼指数（Herfindahl-Hirschman index，H 指数）

$$I_H = \sum_1^N (S_i)^2 \tag{4-2}$$

H 指数综合反映了企业之间规模的差异和少数大企业的集中度的影响，比单纯的企业集中度比率能够提供更多信息。

在实际使用的过程中,这两个指标在衡量市场结构时存在三个问题。第一个问题是这两种测量方法并不能反映企业之间相互嵌入的纵向关系。一般来说,在企业生产的最终产品或服务传递给消费者的过程中必然包含一些必要的中间环节,包括原材料的获取、把原材料加工成半成品、半成品深加工成消费者可以消费的最终产品。在产品不断的"向下流转"到消费者手中的过程中,零售业是最后一个环节。然而,各个环节之间的关系也可能对企业之间产生一些约束。上游初级产品生产者可能会通过一体化进入下游环节,直到终端零售,就如同企业拥有自己的终端加油站一样。相反,终端零售者可能独立于上游产品的提供,仅仅在一些现货市场购买最终产品,或者与一些上游产品生产企业有正式的合约关系以取得最终产品的供应。企业之间这种关系的存在性以及变化性,导致仅仅从其中某一个纵向环节进行的市场结构衡量变得困难。例如,美国有很多饮料瓶生产企业,采用传统的市场集中度测量方法得到的饮料瓶市场集中度很低,这表明其是一个完全竞争的市场,而实际情况是这些饮料瓶企业几乎不与其他竞争者展开竞争,而是严格遵守彼此之间的协定(通常是拥有权)——与两家最大的上游企业可口可乐和百事可乐结合在一起,这表明市场可能是严重缺乏竞争的。

第二个问题是这两个指标都是在一个时点上描述一个市场的格局,它们都没有考虑到市场结构会随时间而演变的可能性。特别是,这两个指标都没有明确地将企业的进入与退出考虑在内。即使一个行业可能存在高集中度,但如果有企业试图提高产品价格到成本之上时便会招致新企业的进入,那么行业中企业的市场势力就会受到市场进入的限制。

第三个问题,也是最重要的问题,就是市场结构的内生性。我们无法肯定地说市场集中度高就是代表了市场缺乏竞争。市场结构并不必然代表竞争的强度,市场结构本身很可能是市场竞争的自然结果。

4.3 市场势力

4.3.1 用勒纳指数衡量市场势力

市场势力指企业将价格提高到边际成本之上的能力,可以在一定程度上反映出企业的垄断定价权。我们可以用勒纳指数来测度市场势力,即价格偏离边际成本的程度。勒纳指数(LI 指数)由 $\frac{p-MC}{p}$ 给出。

在第 2 章中我们提到,如果企业面临的市场需求曲线为 $p(Q)$,那么企业得到的总收益 $TR(Q)=p(Q)Q$,边际收益为

$$MR(Q)=\frac{\mathrm{d}TR(Q)}{\mathrm{d}Q}=p(Q)+p'(Q)Q=p(Q)\left[1-\frac{1}{\eta_p(Q)}\right]$$

企业的利润最大化条件要求 $MC=MR$,也就是说,

$$MC=p\left[1-\frac{1}{\eta_p}\right]$$

$$\frac{p-MC}{p}=\frac{1}{\eta_p}$$

由此可见,勒纳指数直接从企业利润最大化条件中得出,并且其等于企业产品**需求价格弹性的倒数**。对于完全竞争市场,其需求价格弹性无穷大,此时勒纳指数为 0;随着企业生产越来越多有差异的产品,每种产品的替代品越来越少,即需求价格弹性越来越小,企业便会将价格提高至边际成本之上。

在一个由不同企业组成的行业中,衡量市场环境需要对这些企业进行加权。如果商品是同质的话,所有企业必须按照同样的价格销售产品,此时市场的勒纳指数为

$$\mathrm{LI}=\frac{p-\sum_{i=1}^{N}s_iMC_i}{p} \tag{4-3}$$

其中,s_i 是第 i 个企业的市场份额,N 是市场上的企业总数。

如果产品不是同质的,那么市场的勒纳指数为

$$\mathrm{LI}=\sum_{i=1}^{N}s_i\frac{p_i-MC_i}{p_i} \tag{4-4}$$

勒纳指数遇到的一个最大的问题就是需要估计边际成本,这实际上是很难的。Hall(1988)提出了一种不需要衡量边际成本的方法。他的方法主要是基于大样本的时间序列数据,通过运用生产函数理论估计勒纳指数。他的方法所涉及的统计分析技术并不是很复杂,很多研究者运用该方法已经得出了相当清楚和明确的结论。然而,因为 Hall(1988)的方法需要基于时间序列数据进行计算,所以当我们需要了解一个行业特定时点的勒纳指数时,该方

法就不能提供多大的帮助。

4.3.2 应用：垄断的福利损失

反垄断政策是否有必要？这就涉及反垄断政策的成本收益分析。如果垄断势力所造成的福利损失不是很大的话，那么将一些重要的社会资源用于反垄断可能就是不值得的。但是如果垄断势力造成的社会福利损失过高，那么分配资源以阻止垄断势力的滥用就显得合乎情理。下面我们将介绍经济学家是如何计算垄断造成的福利损失的。

第一个试图用数据回答这个问题的人是 Harberger(1954)。他按照下面的方式来测算。

从社会福利净损失函数出发：

$$WL = \int_{q}^{q^c} [p(q) - c(q)] \mathrm{d}q$$

其中，$p(q)$ 是需求曲线，$c(q)$ 是边际成本曲线，q 是观察到的产量，q^c 是有效的产出水平。

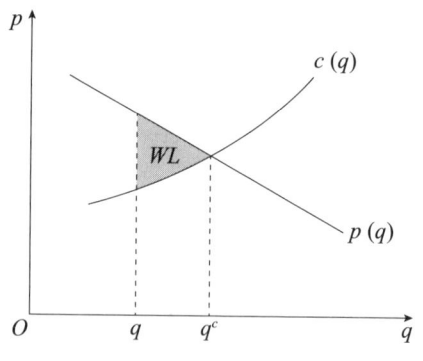

图 4-4 社会福利净损失

作为近似值，Harberger(1954) 用一个线性需求函数估计福利损失，因此福利损失就是一小块三角形：

$$WL = \frac{1}{2}(p - MC)(q - q^c)$$

将福利损失表示为它占销售总收入的比例：

$$WL' = \frac{WL}{pq} = \frac{(p - MC)(q - q^c)}{2pq} \tag{4-5}$$

Harberger(1954)采用了一个由73个行业组成的样本,他尝试用制造业5年的平均收益率代表行业勒纳指数的5年平均值。由于他所使用的都是行业数据,而且没有任何一个行业是完全垄断的,因此 Harberger(1954)不能假定其估计的勒纳指数是需求弹性的倒数。相反在勒纳指数的估计中,他假设需求弹性为1。这种估计的扭曲带来的美元价值可以由 WL 乘上销售额 PQ 给出。他惊奇地发现,垄断的福利损失是很小的,仅相当于美国国内生产总值(GDP)的0.1%。

后来,Harberger(1954)的方法受到很多经济学家的批评。Bergson(1973)注意到 Harberger(1954)的做法本质上就是应用一个局部均衡的框架来得到一个一般均衡的结果。Bergson(1973)认为,理论上 Harberger(1954)的这种方法低估了实际发生的福利损失。Cowling & Mueller(1978)采用了企业界的数据,即美国的734家企业与英国的103家企业。他们对垄断福利损失估计出的结果是,垄断造成的福利损失,在美国大概占 GDP 的4%~13%,在英国大概占 GDP 的4%~7%。这些都要大于 Harberger(1954)估计的结果。

Aiginger & Pfaffermayr(1997)假定有效率成本就是让企业可以在竞争性市场上存活下去的成本,因此他们将测得的竞争性边际成本 MC 作为行业中最有效率企业的边际成本。实际上,这种方法使得他们能够将这种由于市场势力导致的福利损失分为两部分:一部分是**传统的福利损失**,这种损失是由于价格不等于行业平均边际成本所导致的,即 $P-\overline{MC}$;另一部分是**成本无效率损失**,即由于市场势力使得已经存在的企业的成本可以高于最小效率成本所带来的福利损失,即 $\overline{MC}-MC$。通过欧盟10 000个水泥与造纸企业的数据,Aiginger & Pfaffermayr(1997)发现在这些行业中,由于市场势力所导致的福利损失占行业总销售额的9%~11%。其中,传统的福利损失占销售收入的2%~3%,成本无效率损失占到行业总销售额的7%~7.5%。

4.4 总结

市场结构反映了市场集中的程度。市场结构是由什么因素决定的呢?最重要的因素是生产技术与生产成本,比如,规模经济会导致市场的集中化,较高的进入成本意味着较少的企业数量和较高的集中度。市场规模与市场集中度的关系则是不明确的。我们还分析了其他非成本因素:网络外部性与政府政策。

有两种常见的指数可以用来衡量市场结构:m 个企业集中度比率(CR 指数)与赫芬达尔-赫希曼指数(H 指数)。H 指数综合反映了企业之间规模的差异和少数大企业的集中度的影响,比单纯的企业集中度比率能够提供更多信息。

市场势力是指企业将价格提高到边际成本之上的能力。我们可以用勒纳指数来测度市场势力,即价格偏离边际成本的程度。勒纳指数可以应用于测算垄断造成的福利损失。然而不同经济学家测算出来的结果不尽相同,Harberger(1954)发现,垄断的福利损失很小,仅相当于美国国内生产总值(GDP)的 0.1%。Bergson(1973),Cowling & Mueller(1978),Aiginger & Pfaffermayr(1997)的结果则表明,由于市场势力所导致的福利损失在 4%~11% 不等。

4.5 习题

1. 用 r 表示资本价格,w 表示劳动力价格,并且考虑如下的成本方程:
$$C(r,w,q) = 5r^{\frac{1}{3}}w^{\frac{2}{3}}q^{1.11} + F$$
求出平均成本的表达式,并且确定规模经济被充分利用时的产量水平(即 $AC = MC$)。

2. 假定行业勒纳指数的表达式为 H/ε,H 是赫芬达尔-赫希曼指数,ε 是需求价格弹性。假设一个行业由 n 个规模相等的企业组成,并且需求价格弹性为 -1,对这些产品的花费恒定为 E。此外,假设每家企业 i 的成本函数为 $C(q_i) = cq_i + F$,式中 c 和 F 均为正数。证明均衡的企业数量 $n^* = \sqrt{\dfrac{E}{F}}$。

3. 再一次假定行业的勒纳指数为 H/ε。然而现在假设边际成本 c 随着 H 指数的上升而减小(即 $c = c(H)$,并且 $c' < 0$)。将 ε 看作给定,请确定 c' 的大小,以保证在集中度增大(H 增大)情况下不会导致价格 p 的上涨。

4. 考虑一个由 5 家企业构成的行业,最初每家企业的大小规模均一样且市场份额为 20%。假定企业 1 采取了富有成效的侵略性广告竞争,其市场份额提升到 25%,而另外 4 家原有企业的市场份额下降到 18.75%。

(1) 在这次变化中,CR 指数与 H 指数如何变化?

(2) 在这次变化中,哪个指标更好地描绘了这种变化?

参考文献

Aiginger, K. and M. Pfaffermayr. 1997. "Looking at the Cost Side of Monopoly". *Journal of Industrial Economics*, 44(September):245-267.

Bergson, A. 1973. "On Monopoly Welfare Losses". *American Economic Review*, 63(December):853-870.

Cowling, K. and D. C. Mueller. 1978. "The Social Cost of Monopoly Power." *Economic Journal*, 88(December):727-748.

Hall, R. 1988. "The Relation Between Price and Marginal Cost in U. S. Industry". *Journal of Political Economy*, 96(October):921-947.

Harberger, A. 1954. "Monopoly and Resource Allocation". *American Economic Review*, 45(May):77-87.

Sutton, J. 1991. *Sunk Costs and Market Structure*. Cambridge, MA: The MIT Press.

—. 2001. *Technology and Market Structure*. Cambridge, MA: The MIT Press.

第五章 垄断

在前一章中我们介绍了不同市场结构的特点和衡量方法。我们提到,在垄断的市场结构下,只存在一个卖方,他可以在消费者的总需求曲线上,选择任何一个价格－产量组合。垄断市场结构可以划分为静态的(垄断者只卖出其产品一次)和动态的(垄断者在一个以上的时期卖出)。此外,垄断市场结构可分为歧视性的和非歧视性的垄断。歧视性垄断者可以把产品按不同的价格卖给不同的消费者,赚取高于非歧视性垄断者的利润。

在本章中,我们首先对垄断者的利润最大化问题进行正式的描述和求解,然后我们讨论垄断造成的无谓损失和其他一些社会成本,最后我们讨论歧视性垄断者的定价行为。

5.1 垄断者的利润最大化问题

图 5-1 显示了垄断者是如何做出产量和价格决策的。垄断者最大化自己的利润 $\pi = R - C$,一阶条件是 $MR = MC$。也就是说,垄断者选择产量 Q^* 使得边际收益等于边际成本。此时的价格 P^* 由市场需求曲线 D 决定。

给定市场需求曲线中暗含的价格和数量之间的一一对应关系,垄断者通过选择产量就能决定市场价格,因此面对利润最大化问题时只需要优化产量即可。

为了方便讨论,我们给出两条假设:第一,边际成本曲线必须从下方通过边际收益曲线。第二,"不歇业条件"必须成立:企业只有在短期内价格大于平均可变成本、长期内价格大于平均成本时,产量才为正。

边际收益和需求价格弹性可以联系起来:

$$MR = p\left[1 - \frac{1}{\eta_p}\right] \tag{5-1}$$

从上式中我们可以再次得出,在垄断产量(或价格)下,企业的边际收益

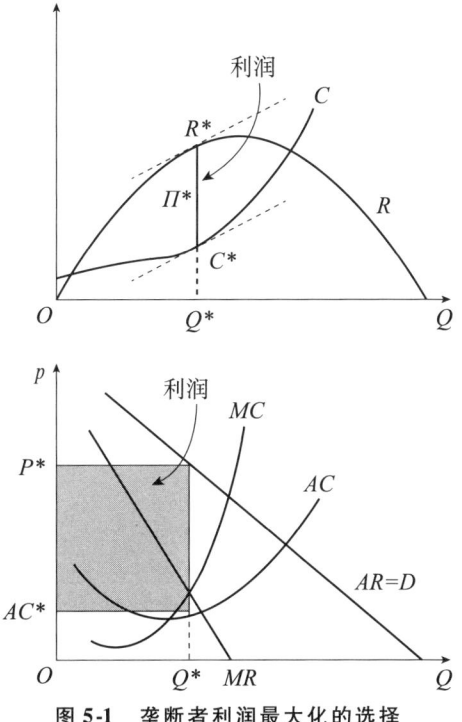

图 5-1 垄断者利润最大化的选择

小于市场价格。

【命题】利润最大化的垄断企业选择的价格-产量最优解总是在市场需求曲线上需求**富有弹性**的范围内。

证明：当需求富有弹性时($\eta_p > 1$)，产量增加会导致价格下降，但企业的收入会增加，即边际收入为正。类似地，当需求缺乏弹性时($\eta_p < 1$)，边际收入为负。但由于边际成本永不为负，而且在垄断者的价格-产量最优点处边际成本必须等于边际收入，因此垄断者永远不会在需求缺乏弹性的区域进行生产。

5.2 垄断与社会福利

5.2.1 垄断造成的无谓损失

与竞争的结果相比，垄断导致一部分消费者剩余转移给了生产企业，同时存在着效率损失，即交易量减少所导致的消费者剩余和生产者剩余总量的减少。

为了说明这一点,在图 5-2 中,供给曲线为 S 的竞争企业会在供给曲线与需求曲线的相交之处 (Q_c, P_c) 生产。现在假设产业是垄断的(生产成本没有任何变化)。这样,竞争的供给曲线 S 就成了唯一一家大企业的边际成本曲线。垄断者选择的产量水平令边际成本等于边际收入,以价格 P_m 销售 Q_m 的数量。

图 5-2 中的阴影面积是 $(P_m - P_c)$ 乘以垄断产量 Q_m。这个面积是竞争时的一部分消费者剩余,现在被攫取为了生产者剩余;这是消费者剩余转移为生产者剩余,不是效率损失。但是,垄断解还导致产量和交易水平下降,这就的确导致了效率损失,也被称为无谓损失(deadweight loss)。消费者剩余的损失是上方的三角形区域 FGE;生产者剩余的损失是下方的近似三角形区域 GEH。净的效率损失就是两者相加的部分。

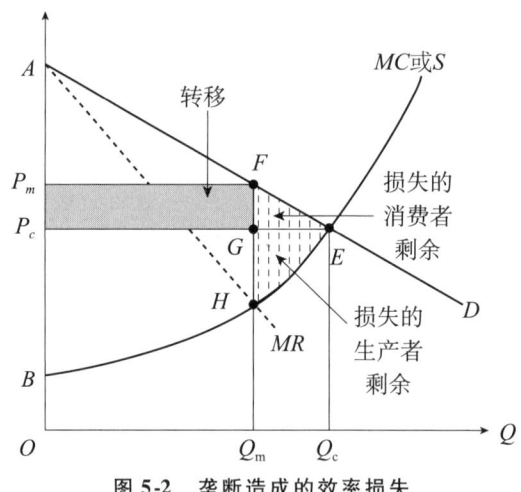

图 5-2 垄断造成的效率损失

5.2.2 垄断的社会成本

垄断除了会产生效率损失,垄断的社会成本也应该包括垄断企业为了建立或保持垄断势力所付出的成本。其中,有一些不应该被认为是社会福利的损失:

①研究与开发(R&D)。

②为了获得排他性的经营权而贿赂政客和公务员,因为这只构成财富转移。

但是,有一些被认为纯粹是社会资源的浪费:

①使消费者相信其他品牌较差的劝购性广告。

②预先制止潜在进入者进入该行业所需要的资源。并且,为使潜在竞争者的进入无利可图,进行过度生产或过度资本投入。

③使立法者相信某个特定垄断无害所需要的游说成本(假定这些成本从生产活动转移了资源)。

④由专利竞赛引起的过度研究与开发。

5.3 价格歧视

本节放弃了单一市场的假设,分析了在不同市场上能收取不同价格的垄断者。此时,我们说垄断者进行了"价格歧视"。

受 Pigou(1920)的影响,价格歧视通常被分为三类。**一级价格歧视**是**完全的价格歧视**,也就是说,生产者成功地获取了全部的消费者剩余。例如,当消费者拥有单位需求,生产者确切地知道每个消费者的保留价格(reservation price),并且能够阻止消费者之间的套利的时候,这种价格歧视就会发生。只要生产者制定一个等于消费者保留价格的个体化价格就可以了。在现实中,完全的价格歧视不大可能发生,这要么是因为套利的存在,要么是因为关于个人偏好的不完全信息。在生产者掌握的消费者个人偏好的信息不完全的情况下,生产者仍可能通过一种"自我选择机制"来不完全地榨取消费者剩余。企业可以按不同的价格来出售不同单位(或数量组合)的产品,我们把这种做法叫作**二级价格歧视**。另外,生产者也可能观察到某些与消费者偏好相关的信号(例如年龄、职业、所在地等),并利用这些信号进行价格歧视,这叫**三级价格歧视**。二级价格歧视和三级价格歧视的重要不同在于,三级歧视利用了关于需求的直接信号,而二级歧视是通过消费者对不同消费包的选择来间接地在消费者之间进行挑选。

5.3.1 一级价格歧视

1. 个人化定价

一级价格歧视是一种完全价格歧视。最简单的完全价格歧视是在单个消费者拥有单位需求时出现的。假定每个消费者对于一种商品有一个他愿意支付的价格 v。垄断者通过令价格 $p=v$，可以获取全部的消费者剩余。

2. 两部定价

下面考虑消费者可以购买多于一单位的产品。具体地，设有 N 个相同的消费者，每个消费者都拥有相同的向下倾斜的需求函数 $q=d(p)$，即反需求函数 $p=d^{-1}(q)$。此时，每个消费者消费 q 单位产品的总支付意愿是

$$v(q) = \int_0^q d^{-1}(x)\,dx \tag{5-1}$$

假设企业采用两部定价策略 $T(q)=A+pq$，每位消费者的支付费用被分为两部分，固定费用 A 是消费者为获得购买一定数量产品的权利所必须支付的费用，价格 p 是购买每单位产品的费用。这种多重定价方式是很常见的，出租车计费和天然气、电力、自来水收费都是典型的例子；游乐园通常收取一个固定的入场费，然后再对每个娱乐项目收取附加费。

假设该企业产品的单位价格为 p。如果固定费用 A 不高于消费者剩余 $S(q)=v(q)-pq$，消费者就愿意以价格 p 购买 q 单位的产品。企业为了实现最大化的利润，将会把固定费用设置为 $A=S(q)$。

那么 p 该如何定呢？设该企业的成本函数为 $C(Nq)=cNq+F$，则利润为

$$\begin{aligned}\pi(q) &= N(A+pq)-C(Nq)\\ &= N(S(q)+pq)-C(Nq)\\ &= Nv(q)-cNq-F\end{aligned} \tag{5-2}$$

一阶条件：

$$\frac{d\pi(q)}{dq}=N\frac{dv(q)}{dq}-cN=Nd^{-1}(q)-cN=0 \rightarrow p=d^{-1}(q)=c \tag{5-3}$$

也就是说，该企业对产品的定价为边际成本，然后利用固定费用攫取了所有的消费者剩余。

值得注意的是，个人化定价与两部定价中，产出是有效率的。社会总剩余实现最大化，但所有剩余均归垄断企业所有。换句话说，此时价格垄断并没有带来社会福利的损失，只是造成了消费者福利与生产者福利的转换。

图 5-3 显示了上述两部定价的情况。在线性定价的策略下，垄断企业制定的垄断价格为 p^m，获得利润为 M。在两部定价策略下，垄断企业设定的单价为 $p=c$，并且规定固定费用设定为 $A=M+B+C$，这使得垄断企业的利润

增加了 $B+C$。

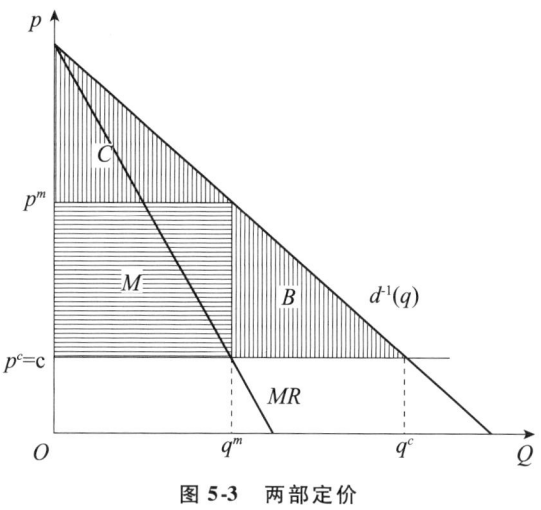

图 5-3 两部定价

5.3.2 三级价格歧视

三级价格歧视又叫群体定价、多市场定价等。假设垄断企业销售单个产品，并且能够根据一些可观察到的典型特征（如位置、年龄、性别和职业等）将消费者分为 N 组，同时，企业还知道每组消费者 i 都面临一个向下倾斜的总需求函数 $q_i = d_i(p)$，那么根据假设，垄断企业能够阻止不同消费者群体间的套利行为，但不能在同一消费者群体内实行价格歧视。因此，企业必须对每个消费者群体都实行线性定价，但是它却可以**对不同的消费者群体制定不同的线性价格**。

当企业对第 i 个消费者群体（$i=1,2,\cdots,N$）制定价格 p_i 时，企业的利润为

$$\pi = \sum_{i=1}^{N} \pi_i = \sum_{i=1}^{N} p_i d_i(p_i) - C\Big(\sum_{i=1}^{N} d_i(p_i)\Big)$$

$$= \sum_{i=1}^{N} p_i d_i(p_i) - c \sum_{i=1}^{N} d_i(p_i) - F \qquad (5\text{-}4)$$

对 p_i 求一阶导数，可以得到 N 个一阶条件：

$$\frac{\mathrm{d}\pi}{\mathrm{d}p_i} = d_i(p_i) + p_i d_i'(p_i) - c d_i'(p_i) = 0 \qquad (5\text{-}5)$$

根据逆弹性法则，上式可以整理为

$$\frac{p_i - c}{p_i} = \frac{1}{\varepsilon_i} \tag{5-6}$$

其中，ε_i 为第 i 个市场的需求价格弹性。最优定价意味着**垄断者应该在需求价格弹性较低的市场收取更高的价格**。

5.3.3 二级价格歧视

实行一级价格歧视和三级价格歧视的一个基本前提是垄断企业已经解决了或者基本上解决了对消费者的识别问题。但是在很多情况下，企业并不能识别出消费者的类型。由于垄断企业不能有效识别消费者的类型，现在重要的是要设计一些定价机制，诱导消费者自己透露其类型。这种定价策略被称为二级价格歧视，也称菜单定价。

我们将用一个简单的例子来解释"自我选择机制"是如何设计的。假定消费者偏好为

$$U = \begin{cases} \theta V(q) - T, & \text{若他们支付 } T \text{ 而消费 } q \text{ 单位商品} \\ 0, & \text{若他们不购买商品} \end{cases}$$

式中，$V(0) = 0, V'(q) > 0, V''(q) < 0$（边际效用递减）。$\theta$ 为偏好参数，随每个消费者不同而不同。

假定有两类消费者。偏好参数为 θ_1 的消费者比例为 λ；偏好参数为 θ_2 的消费者比例为 $1 - \lambda$，假定 $\theta_2 > \theta_1$，且垄断者以固定成本 $c < \theta_1 < \theta_2$ 进行生产。为简化计算，假定

$$V(q) = \frac{1 - (1 - q)^2}{2} \tag{5-7}$$

此时 $V'(q) = 1 - q$ 是线性函数。

下面将计算 θ_i 类消费者的需求函数。对于该需求函数，固定费用只影响消费者是否购买商品的决定，消费者一旦决定购买，他只考虑购买多少而不考虑固定费用，因此，消费者最大化下列净消费者剩余

$$S_i(p) = \theta_i V(q) - pq$$

由一阶条件得到

$$\theta_i V'(q) = p$$

对于上述所设定的偏好，得到 $\theta_i(1 - q) = p$，进一步得到需求函数 $q = D_i(p) = 1 - \dfrac{p}{\theta_i}$，所以

$$S_i(p) = \theta_i \left(\frac{1 - \left[1 - \left(1 - \frac{p}{\theta_i}\right)\right]^2}{2} \right) - p\left(1 - \frac{p}{\theta_i}\right) = \frac{(\theta_i - p)^2}{2\theta_i} \quad (5-8)$$

图 5-4 表示了两类消费者的需求函数以及净剩余。

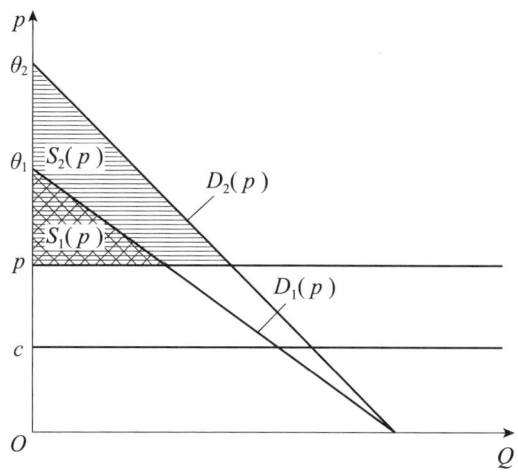

图 5-4　两类消费者的需求函数以及净剩余

令 θ 表示 θ_1 和 θ_2 的"调和平均值"：

$$\frac{1}{\theta} = \frac{\lambda}{\theta_1} + \frac{1-\lambda}{\theta_2} \quad (5-9)$$

则在价格为 p 的条件下，总需求可以表示为

$$q = \lambda q_1 + (1-\lambda) q_2 = 1 - \frac{p}{\theta} \quad (5-10)$$

接下来我们来比较完全价格歧视、线性垄断价格和两部定价的差异。

1. 完全价格歧视

完全价格歧视下，垄断者让价格等于边际成本，然后收取不同偏好消费者不同的固定费用，剥夺消费者全部剩余。

对于第 i 类消费者，收取的固定费用为 $A_i = S_i(c) = \frac{(\theta_i - c)^2}{2\theta_i}$，垄断者的利润是

$$\pi_d = \lambda \frac{(\theta_1 - c)^2}{2\theta_1} + (1-\lambda) \frac{(\theta_2 - c)^2}{2\theta_2}$$

但这么做的前提是，垄断者可以观察到消费者的类型。如果不能，那么

完全价格歧视将不可能实现。高需求的消费者,剩余被全部剥夺了,他们将有激励去声称他们是低需求的消费者。这样做将给他们带来严格为正的效用,因为低需求消费者对于低需求消费组合的效用为零。因此,高需求的消费者将进行个人套利。

2. 线性垄断价格

由于不同类型的消费者之间可能存在套利,垄断者被迫制定线性价格 $T(p)=pq$,垄断者的利润函数为

$$\pi_m = (p_m - c)D(p_m)$$

由于 $D(p_m) = 1 - \dfrac{p_m}{\theta}$,从而可以解出价格

$$p_m = \frac{c+\theta}{2}$$

垄断利润为

$$\pi_m = \frac{(\theta-c)^2}{4\theta}$$

以上结果是假定垄断者对两类消费者都供应产品。垄断者也可以选择只供应 θ_2 类消费者。如果提供给 θ_2 类消费者的价格 $\dfrac{c+\theta_2}{2} > \theta_1$,且 θ_1 消费者比例足够小,则垄断者只供应 θ_2 类消费者。

3. 两部定价

我们讨论最优两部定价。假定垄断者供应两类消费者。假定边际价格为 p。对消费者收取的固定费用为 $A = S_1(p)$。由于 $S_2(p) > S_1(p)$,这种费率结构使 θ_1 类型消费者和 θ_2 类型消费者都会购买商品。垄断者的利润函数是

$$\pi_t = S_1(p) + (p-c)D(p) \tag{5-11}$$

由一阶条件得到

$$p_t = \frac{c}{2 - \dfrac{\theta}{\theta_1}} \tag{5-12}$$

对三者进行比较,可以看出:

$$\pi_d \geq \pi_t \geq \pi_m \tag{5-13}$$

在两类消费者都被供应的条件下

$$p_d = c < p_t < p_m \tag{5-14}$$

图 5-5 展示了两部定价。点 B 是 θ_1 类型消费者的消费和支出 (q_1, T_1)，点 C 是 θ_2 类型消费者的消费和支出 (q_2, T_2)。显然，θ_1 类型消费者不会选择 C，θ_2 类型消费者也不会选择 B。

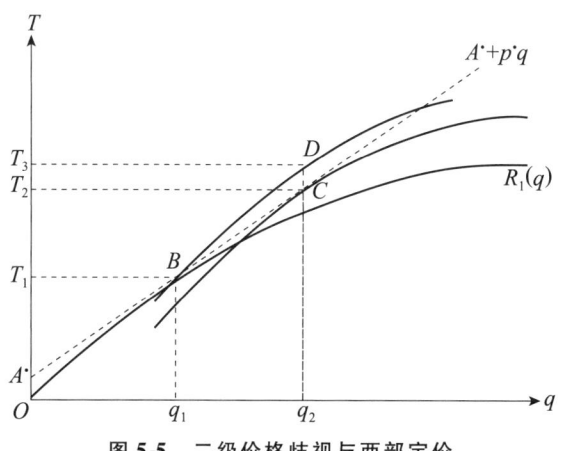

图 5-5 二级价格歧视与两部定价

但是此时企业仍有提高其利润的空间。我们画出 θ_2 类型消费者的另一条无差异曲线，使其经过 B 点。事实上，C 和 D 之间的任何一点对于 θ_2 类型消费者来说都是可以接受的。此时企业可以将高需求 θ_2 类型消费者的价格提高到 T_3 的水平，θ_2 类型消费者仍然会继续购买 q_2 单位的产品，但支付的价格将会提高。这样，企业就获得了高于在两部定价下获得的利润水平。因此，在此处分析的情形中，一般的两部定价不能保证企业实现利润最大化。

4. 菜单定价

菜单定价是一种完全非线性的定价方法，它可以通过向消费者提供一个菜单（一系列离散的选择）来进行定价。在我们的例子中，假设提供给消费者选择的消费束有两个：(q_1, T_1) 和 (q_2, T_2)。这种策略的优点是，企业不需要具体地识别和区分不同类型的消费者。然而，菜单的设计必须要实现这样一个目标，即能让消费者根据自己的真实类型进行选择。这就给企业带来了一个新的附加成本，所以菜单定价不会像一级价格歧视那样为企业获取那么多的利润,但它比其他定价策略(如两部定价)获得的利润要高。

在市场存有两种类型消费者的情况下,最优的菜单设计是什么呢?假设 (q_1,T_1) 由 θ_1 类型的消费者购买,(q_2,T_2) 由 θ_2 类型的消费者购买,则企业的利润为

$$\pi_b = N[\lambda(T_1 - cq_1) + (1-\lambda)(T_2 - cq_2)] \qquad (5\text{-}15)$$

为了实现利润最大化,消费束必须满足各类型消费者的**参与约束**(所有类型消费者都会购买大于零的数量)和**激励相容约束**(所有类型消费者都没有激励选择另一种组合)。

首先,考虑低需求的 θ_1 类型消费者,要想使此类型的每个消费者都愿意购买消费束 (q_1,T_1),它必须满足如下的参与约束:

$$\theta_1 V(q_1) - T_1 \geq 0 \qquad (5\text{-}16)$$

其次,考虑高需求的 θ_2 类型消费者,如果上式成立,θ_2 类型消费者一定会从该企业购买产品(即满足参与约束),因为他们至少可以选择消费束 (q_1,T_1) 并获得消费者剩余 $\theta_2 V(q_1) - T_1 > 0$。然而,我们要想让 θ_2 类型消费者选择 (q_2,T_2)(即满足激励相容约束),就必须好好设计 T_2,让 (q_2,T_2) 比 (q_1,T_1) 更具吸引力。也就是说,必须满足激励相容约束条件:

$$\theta_2 V(q_2) - T_2 \geq \theta_2 V(q_1) - T_1 \qquad (5\text{-}17)$$

为了实现利润最大化,垄断企业必须设置 T_1 和 T_2 使上面两个式子能够同时得到满足,由于高价格对垄断企业有利,即我们有 $T_1 = \theta_1 V(q_1)$ 和 $T_2 = \theta_2 V(q_2) - \theta_2 V(q_1) + T_1$。注意,这意味着企业攫取了低需求消费者 θ_1 的全部消费者剩余,而为 θ_2 类型的消费者留存一部分消费者剩余 $\theta_2 V(q_1) - T_1 > 0$。这就是企业缺乏消费者的真实类型信息而引致的成本——企业无法攫取所有类型消费者的所有剩余。

总结一下,上面所说的菜单定价一般有三个特征。

第一,低需求消费者没有消费者剩余,而高需求消费者有正的消费者剩余。

第二,高需求消费者消费的数量满足社会最优,而低需求消费者消费的数量小于社会最优。

第三,给高需求消费者以数量折扣,即 T_2/q_2 通常低于 T_1/q_1。

第一点我们已经证明,第二点和第三点的证明我们将作为习题。具有数

量折扣的菜单定价是非常普遍的,比如,一次购买 12 瓶整包可口可乐要比单独分开买 12 瓶可口可乐更便宜,买一个赛季的球队主场比赛门票要比单独购买单场比赛的门票更便宜。在上述情况中,企业提供产品数量多且有价格折扣的消费束的目的是吸引那些高需求消费者。

5.4 总结

垄断是与完全竞争市场相对立的一种市场结构,在这种市场结构下,只存在一个卖方,他可以在消费者的总需求曲线上选择任何一个价格 - 数量组合。为了最大化利润,垄断者选择产量使得边际收益等于边际成本。与竞争的结果相比,垄断导致一部分消费者剩余转移给了生产企业。同时垄断存在着效率损失,即交易量减少所导致的消费者剩余和生产者剩余减少的总量。垄断的社会成本也包括垄断企业为了建立或保持垄断势力所付出的成本。

垄断市场结构可分为歧视性的和非歧视性的垄断。歧视性垄断者可以把产品按不同的价格卖给不同的消费者,赚取高于非歧视性垄断者的利润。一级价格歧视是一种完全价格歧视,也就是说,生产者成功地获取了全部的消费者剩余。在现实中,完全的价格歧视不大可能发生,这要么是因为套利的存在,要么是因为关于个人偏好的不完全信息。在生产者掌握的消费者个人偏好的信息不完全的情况下,生产者仍可能通过一种"自我选择机制"来不完全地榨取消费者剩余。这叫二级价格歧视(菜单定价)。另外,生产者也可能观察到某些与消费者偏好相关的信号(例如年龄、职业、所在地等),并利用这些信号进行价格歧视,这叫三级价格歧视(群体定价)。

5.5 习题

1. 假设垄断企业的成本函数为 $TC(Q) = F + cQ^2$,以及线性市场需求函数 $P(Q) = a - bQ$。求出垄断解 (P^*, Q^*)。

2. 在一垄断产业中,需求函数有不变弹性:$q = D(p) = p^{-\varepsilon}$,其中 $\varepsilon > 1$ 是需求弹性。边际成本是不变的且等于 c。

(1) 证明社会计划者（或竞争性产业）将创造总福利
$$W_c = c^{1-\varepsilon}/(1-\varepsilon)$$

(2) 计算垄断下的福利损失 WL。

(3) 证明比率 WL/W_c（相对净福利损失）随着 ε 增加而增加，WL 对 ε 是非单调的，以及垄断者能够得到的潜在消费者剩余的份额 π_m/W_c 随着 ε 增加而增加。对结果进行讨论。（注意市场的"规模"随着 ε 而改变。）

3. 假设每个消费者都有相同的逆需求函数 $p = d^{-1}(q)$，消费 q 单位的产品时，消费者的总支付意愿是
$$v(q) = \int_0^q d^{-1}(x)\,dx$$

想象一下，如果企业采用线性定价政策，为每单位产品设定一个统一的价格 p，但要求所有消费者购买不低于 $q_{\min}$ 单位的产品。那么企业应该将 $q_{\min}$ 设定为多少？为了实现利润最大化，企业将会把价格设定为多少？

4. 假设垄断企业生产产品的边际成本为 40，它的产品销售到两个不同的地区。在地区 1，需求为 $Q_1 = 300 - p_1$；在地区 2，需求为 $Q_2 = 180 - p_2$。

(1) 当不能实行价格歧视的时候，最优的统一价格和产量是多少？

(2) 假设企业可以在两个地区之间实行价格歧视，那么企业针对每个地区制定的价格是多少？每个地区出售的产品数量是多少？

(3) 歧视性价格与每个地区的需求弹性之间是何关系？

5. 证明：在菜单定价中，高需求消费者消费的数量满足社会最优，而低需求消费者消费的数量小于社会最优。提示：用企业的利润函数对 q_1 和 q_2 分别求一阶导数，然后将边际收益与边际成本 (c) 比较。

6. 证明：菜单定价给高需求消费者以数量折扣，即 T_2/q_2 通常低于 T_1/q_1。

参考文献

Pigou, A. C. 1920. *The Economics of Welfare.* London: Macmillan and Co.

附录：垄断条件下的质量

本节讨论了垄断者对产品质量（纵向差异）如何进行选择。

假定每一个消费者消费 1 或者 0 单位某种商品,该商品质量由 s 表示。效用函数如下:

$$U = \begin{cases} \theta s - p, & \text{如果消费者购买具有质量 } s \text{ 价格为 } p \text{ 的商品} \\ 0, & \text{如果消费者不购买} \end{cases}$$

其中,U 为消费者剩余,θ 是一个偏好参数,具有较高 θ 的消费者更愿意为获得高的质量而多支出。模型化偏好分布包括假定:θ 按照某种密度 $f(\theta)$ 在经济中分布,在区间 $[0, +\infty)$ 有累积分布函数 $F(\theta)$,$F(0) = 0$,$F(+\infty) = 1$。因此 $F(\theta)$ 是偏好参数小于 θ 的消费者的比例。

对于 θ 可以做另一种解释,即把 θ 看作收入和质量之间的边际替代率的倒数,而不是偏好参数。消费者的偏好可以记作:

$$U = \begin{cases} s - \left(\dfrac{1}{\theta}\right)p, & \text{如果消费者购买具有质量 } s \text{ 价格为 } p \text{ 的商品} \\ 0, & \text{如果消费者不购买} \end{cases}$$

按照这一解释,所有的消费者从商品中获得同样的剩余。但是他们的收入不同,因此有不同的收入与质量的边际替代率 $\dfrac{1}{\theta}$。较富有的消费者具有较低的"收入边际效用",或较高的 θ。

由这一特定的效用函数可以导出需求函数。

如果只有一个质量 s,当价格为 p 时,对该商品的需求是具有偏好参数 θ 满足 $\theta s \geqslant p$ 的消费者数量,即该商品的需求是

$$D(p) = N\left[1 - F\left(\dfrac{p}{s}\right)\right]$$

其中 N 是消费者人数。

若市场上有 n 个品种(质量),消费者在这些质量不同的商品中选择。由于消费者有单位需求(至多消费一个单位),因此,消费者仅仅选择购买或不购买。

假定只有两种质量 $s_1, s_2, s_1 < s_2$,两种质量以价格 p_1, p_2 出售。$p_1 < p_2$ 且 $\dfrac{s_2}{p_2} \geqslant \dfrac{s_1}{p_1}$。这说明,若消费者购买,则只会购买第二种商品。对高质量商品的需求函数是:

$$D_2(p_1, p_2) = N\left(1 - F\left(\dfrac{p_2}{s_2}\right)\right)$$

令 $\tilde{\theta} \equiv \frac{p_2 - p_1}{s_2 - s_1}$,则 $\theta \geqslant \tilde{\theta}$ 的消费者只购买高质量商品,$\frac{p_1}{s_1} \leqslant \theta < \tilde{\theta}$ 的消费者购买低质量商品。需求函数分别为

$$D_2(p_1, p_2) = N\left[1 - F\left(\frac{p_2 - p_1}{s_2 - s_1}\right)\right]$$

$$D_1(p_1, p_2) = N\left[F\left(\frac{p_2 - p_1}{s_2 - s_1}\right) - F\left(\frac{p_1}{s_1}\right)\right]$$

垄断者对于质量的选择及其与社会最优的比较

假定一个垄断者只生产一种商品,选择价格 p 与质量 s。用 $P = P(q,s)$ 表示逆需求函数,$C = C(q,s)$ 表示生产质量为 s 的 q 个单位商品的总成本。假定 P 随 s 提高而提高,C 随 s 提高而上升。

社会计划者最大化社会总剩余:

$$W(q,s) = \int_0^q P(x,s)\,\mathrm{d}x - C(q,s)$$

一阶条件:

$$P(q,s) = C_q(q,s) \tag{5-18}$$

$$\int_0^q P_s(x,s)\,\mathrm{d}x = C_s(q,s) \tag{5-19}$$

如果按照支付顺序排列,$P(x,s)$ 是使第 x 个消费者在购买与不购买质量为 s 的一个单位商品之间的无差异价格,$P_s(x,s)$ 等于消费者 x 对增加一个单位质量的支付意愿。

垄断者最大化利润:

$$\prod^m(q,s) = qP(q,s) - C(q,s)$$

一阶条件:

$$P(q,s) + qP_q(q,s) = C_q(q,s) \tag{5-20}$$

$$qP_s(q,s) = C_s(q,s) \tag{5-21}$$

条件(5-20)是利润最大化的必要条件。(5-21)是给定产出条件下的垄断者提供最优质量的条件。比较(5-20)、(5-21)与(5-18)、(5-19)可以看出垄断者与社会计划者在定价与质量方面的差异。(5-20)与(5-18)的比较说明垄断者定价高于社会计划者。

垄断者提供的质量是否和社会计划者一致?为此不能通过简单比较(5-19)和(5-21)得出结论,需要进行具体分析。(5-19)中,$P_s(x,s)$ 是当价格为

$P=P(q,s)$时,产品质量对于消费者的边际价值。(5-19)左端是社会边际总剩余,它等于社会平均边际质量价值乘以产量q。社会平均边际质量价值为$\dfrac{\int_0^q P_s(x,s)\mathrm{d}x}{q}$。

由(5-21)可以看出垄断者关心的是边际的边际$P_s(q,s)$,这里第一个边际是边际消费者,第二个边际是边际质量。

比较(5-19)与(5-21),只有当$\dfrac{\int_0^q P_s(x,s)\mathrm{d}x}{q}>P_s(q,s)$时,垄断者提供的质量比社会最优水平低。

第六章 寡头:同质产品竞争

在之前的章节中,我们对**完全竞争市场**和**完全垄断市场**都进行了讨论。然而在现实生活中我们常常会发现,有些市场既非完全垄断(市场中至少有两家及以上的企业),也非完全竞争(每家企业的决策会对市场价格产生影响),在经济学中我们往往把这类市场称为**寡头市场**,即市场中存在几家寡头企业,它们以合谋或相互竞争的方式共同存在着。

在这样的寡头市场中,企业会如何决定自己的产量或价格呢?它们会以何种方式共存呢?我们将在本章考察这些问题。在本章中,我们假定市场上的产品是**同质**的,即各家企业生产的产品完全一致。对于异质产品市场的分析则留到下一章节中讨论。

我们将首先分析寡头企业如何开展**产量竞争**(古诺模型、斯塔克尔伯格模型)和**价格竞争**(伯川德模型);之后,我们将分析企业在什么情况下会达成**共谋**和市场垄断,又会在什么情况下相互竞争;最后,我们将给出一些可以避免共谋情况发生的政策。

6.1 古诺市场

我们从一个经典的双寡头产量竞争模型——古诺模型开始。这一模型最早由 Cournot(1838) 提出而得名。我们考虑这样一种情形:市场上有生产同一种产品的两家企业,这两家企业为达到自己的最大利润而在各自的产量上进行竞争。此时,我们假设市场的需求函数为 $P(Q)$,其中 Q 代表两家企业的产量之和,即 $Q = q_1 + q_2$。因此,市场需求函数可记为

$$P = P(Q) = P(q_1 + q_2) \tag{6-1}$$

假定市场上有两家企业进行产量竞争,各自的成本函数为

$$TC_i(q_i) = c_i q_i, \quad i = 1,2, c_1, c_2 \geq 0 \tag{6-2}$$

假设市场需求函数 $P = a - bQ = a - b(q_1 + q_2)$，其中，$a, b > 0$ 且 $a > c_i$。我们假设两家企业同时决定各自的产量 $q_i, q_i \in A_i \equiv [0, \infty)$。

此时，企业 i 的利润函数为

$$\pi_i(q_1, q_2) = Pq_i - TC_i(q_i) = [a - b(q_i + q_j)]q_i - c_i q_i \tag{6-3}$$

若满足以下情况：

①给定企业 2 的产量 $q_2 = q_2^c$，q_1^c 是 $\max_{q_1}\pi_1(q_1, q_2^c)$ 的解；给定企业 1 的产量 $q_1 = q_1^c$，q_2^c 是 $\max_{q_2}\pi_2(q_1^c, q_2)$ 的解；

②$P^c = a - b(q_1^c + q_2^c)$ 且 $P^c, q_1^c, q_2^c \geq 0$。

则称 $\{P^c, q_1^c, q_2^c\}$ 是一组**古诺-纳什均衡**(Cournot-Nash equilibrium)，即在给定对手产出与市场价格的条件下，任何企业都不能通过改变自己的产出而使利润增加。可以证明，如果成本函数是凸的，需求函数是凹的，需求函数和利润函数连续可导，则可以保证均衡解的存在与稳定。

此时，我们可以利用企业利润最大化的一阶条件求解其最优产量。对于企业 1 而言，利润最大化要求：

$$0 = \frac{\partial \pi_1(q_1, q_2)}{\partial q_1} = a - 2bq_1 - bq_2 - c_1 \tag{6-4}$$

由 $\frac{\partial^2 \pi_1}{\partial (q_1)^2} = -2b < 0$ 可知，利润最大化的二阶条件也满足。

因此，我们可以解出企业 1 的最优反应函数为

$$q_1 = R_1(q_2) = \frac{a - c_1}{2b} - \frac{q_2}{2} \tag{6-5}$$

同理，我们也可以通过企业 2 的利润最大化条件解出其最优反应函数为

$$q_2 = R_2(q_1) = \frac{a - c_2}{2b} - \frac{q_1}{2} \tag{6-6}$$

我们将两家企业的最优反应函数画在图 6-1 中，其交点便是古诺均衡的解。

接下来我们通过联立两家企业的最优反应函数，求解其均衡产量：

$$q_1^c = \frac{a - 2c_1 + c_2}{3b}, \quad q_2^c = \frac{a - 2c_2 + c_1}{3b} \tag{6-7}$$

这一均衡产量即为两企业最优反应函数的交点。

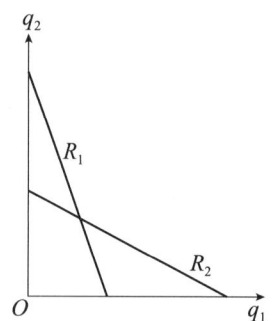

图 6-1 两企业的最优反应函数

由此,我们也可以知道企业 i 的利润为

$$\pi_i^c = (p^c - c_i)q_i^c = [a - b(q_1^c + q_2^c) - c_i]q_i^c$$

$$= \left[a - b\left(\frac{a - 2c_i + c_j}{3b} + \frac{a - 2c_j + c_i}{3b}\right) - c_i\right] \times \left(\frac{a - 2c_i + c_j}{3b}\right)$$

$$= \frac{(a - 2c_i + c_j)^2}{9b} \tag{6-8}$$

接下来我们分析更加一般的情形,假定市场中的企业数量不再局限于2个,而是拓展为 N 个 ($N \geq 2$)。为了便于分析,我们假定这 N 个企业的生产成本相同,即 $c_i = c, i = 1, 2, \cdots, N$。由于这 N 个企业完全相同,我们只需求得其中一个代表性企业 i 的生产决策即可。

根据企业 i 的利润最大化条件:

$$\max_{q_i} \pi_i = p(Q)q_i - cq_i = \left[a - b\left(\sum_{i=1}^{N} q_i\right)\right]q_i - cq_i \tag{6-9}$$

我们可以推导出一阶条件:

$$\frac{\partial \pi_i}{\partial q_i} = a - 2bq_i - b\sum_{j \neq i} q_j - c \tag{6-10}$$

由此可得企业 i 的最优反应函数:

$$q_i = \frac{a - c}{2b} - \frac{1}{2}\sum_{j \neq i} q_i \tag{6-11}$$

由于我们此前假设了 N 家企业完全相同,因此,在均衡时企业 i 的最优反应函数即代表其他任一企业的最优反应函数,而其他任一企业的产量也一定与企业 i 的产量相同。在(6-11)中令 $q_1^c = q_2^c = \cdots = q_N^c = q^c$,得到

$$q^c = \frac{a - c}{2b} - \frac{1}{2}(N - 1)q^c \tag{6-12}$$

由此可解得均衡时每个企业的产量、利润、市场总产量以及市场价格：

$$q^c = \frac{a-c}{(N+1)b}$$

$$Q^c = Nq^c = \left(\frac{a-c}{b}\right)\left(\frac{N}{N+1}\right)$$

$$p^c = a - bQ^c = \frac{a+Nc}{N+1}$$

$$\pi^c = \frac{1}{b}\left(\frac{a-c}{N+1}\right)^2 \tag{6-13}$$

随之而来的一个问题是，在改变古诺市场中企业的数量 N 之后，企业的均衡产量、利润以及市场的均衡价格会如何变化呢？为此，我们让企业的数量趋向无穷大（$N\to\infty$），可得：

$$\lim_{N\to\infty} q^c = \lim_{N\to\infty} \frac{a-c}{(N+1)b} = 0$$

$$\lim_{N\to\infty} Q^c = \lim_{N\to\infty} nq^c = \lim_{N\to\infty}\left(\frac{a-c}{b}\right)\left(\frac{N}{N+1}\right) = \frac{a-c}{b}$$

$$\lim_{N\to\infty} p^c = \lim_{N\to\infty} a - bQ^c = \lim_{N\to\infty}\frac{a+Nc}{N+1} = c$$

$$\lim_{N\to\infty} \pi^c = \lim_{N\to\infty} \frac{1}{b}\left(\frac{a-c}{N+1}\right)^2 = 0 \tag{6-14}$$

由此可见，在古诺市场的均衡中，若企业数量增加到无穷大，则每个企业的产出水平趋于0，而整个市场的产出水平则趋近于完全竞争时的产出水平，且均衡价格也趋近于完全竞争市场中的价格水平。

6.2　领导者-跟随者市场

在上一节中，我们分析了古诺市场中的企业竞争，即静态的产量竞争。之所以称其为静态，是因为企业的生产决策都是同时做出的。但在现实中，企业进行决策的时间往往存在着不一致性，即各自决策的时点存在先后之分。为分析这种情况，在这一节中，我们根据 von Starkelberg(1934)关于**"领导者-跟随者市场"**的研究（因而这一市场也被称作"斯塔克尔伯格"市场），假定企业进行序贯决策，即市场中存在一个先进行产量决策的"领导者"，以及一个根据"领导者"产量进行决策的"跟随者"，探讨这样的市场中存在着怎样的均衡。

具体而言,我们假定市场中存在两家成本相同的企业($c_1 = c_2 = c$),进行为期两期的序贯博弈。在第一阶段,企业1(领导者)率先选择自己的产量,且这一产量在选定之后便不能调整;在第二阶段,企业2(跟随者)观察到企业1选择的产量,随后选择自己的产量。之后,每家企业根据自己的产量获得相应的利润。

我们从第二阶段开始分析。在第二阶段,企业2将企业1的产量q_1视为给定,选择q_2以最大化自身的利润。根据上一节的结论,我们可以解出企业2的最优反应函数:

$$R_2(q_1) = \frac{a-c}{2b} - \frac{q_1}{2} \tag{6-15}$$

在第一阶段,企业1可推知企业2在第二阶段会如何对企业1的产量做出最优反应,因此企业1的利润最大化问题可写为

$$\max_{q_1} \pi_1^s = p(q_1 + q_2) - cq_1 = \left[a - b\left(q_1 + \frac{a-c}{2b} - \frac{q_1}{2}\right)\right]q_1 - cq_1 \tag{6-16}$$

此时根据利润最大化的一阶条件,可以推导出企业1的最优产量为

$$q_1^s = \frac{a-c}{2b} \tag{6-17}$$

进而由企业2的最优反应函数可得企业2的最优产量为

$$q_2^s = \frac{a-c}{4b} \tag{6-18}$$

此时,可以求出市场的总产量以及均衡价格:

$$Q^s = q_1^s + q_2^s = \frac{3(a-c)}{4b}$$

$$p^s = a - bQ^s = \frac{a+3c}{4} \tag{6-19}$$

由此也可以得出企业1和企业2的利润:

$$\pi_1^s = \frac{(a-c)^2}{8b}$$

$$\pi_2^s = \frac{(a-c)^2}{16b} \tag{6-20}$$

在求解出以上"领导者-跟随者市场"的均衡后,我们将其与古诺市场的均衡结果做简单的对比。根据古诺市场中两寡头博弈的均衡结果,我们可以

做出以下对比:

第一,与古诺市场相比,"领导者-跟随者市场"中的"领导者"(即企业1)生产了更多的产量,并瓜分了更多的利润,而"跟随者"(即企业2)的产量和利润则有所降低。

$$q_1^s = \frac{a-c}{2b} > \frac{a-c}{3b} = q_1^c$$

$$\pi_1^s = \frac{(a-c)^2}{8b} > \frac{(a-c)^2}{9b} = \pi_1^c \tag{6-21}$$

$$q_2^s = \frac{a-c}{4b} < \frac{a-c}{3b} = q_2^c$$

$$\pi_2^s = \frac{(a-c)^2}{16b} < \frac{(a-c)^2}{9b} = \pi_2^c \tag{6-22}$$

第二,与古诺市场相比,"领导者-跟随者市场"的总产量更大,市场均衡价格也更低。

$$Q^s = \frac{3(a-c)}{4b} > \frac{2(a-c)}{3b} = Q^c$$

$$p^s = \frac{a+3c}{4} < \frac{a+2c}{3} = p^c \tag{6-23}$$

6.3 伯川德市场

在古诺市场中,企业选择各自的产出水平,使市场价格随之调整,以达到市场出清。Bertrand(1883)在评论古诺的著作时提出了伯川德市场模型。在该模型中,企业不再选择各自的产量,而是通过调整各自价格的方式来相互竞争。其实,这两种市场结构模型各有适用的范围,价格竞争和产量竞争各有其适用的场合,而经济学家的任务是要发现什么样的模型更贴近现实。本节我们以寡头竞争为例,寻找伯川德市场结构下的纳什均衡。

6.3.1 基本模型

首先,我们假定市场上有生产同质产品的企业 1 和 2,且市场总需求函数为 $P = a - bQ$。除此之外,我们还假定消费者从售价最便宜的企业那里购买商品;若两企业的售价相同,则各自会吸引一半的消费者前来购买,即平分整个市场。因此，企业 i 的需求函数可以表示为(6-24)~(6-27)：

$$q_i = 0, \quad \text{如果 } p_i > a \tag{6-24}$$

$$q_i = 0, \quad \text{如果 } p_i > p_j \tag{6-25}$$

$$q_i = \frac{a-p}{2b}, \quad \text{如果 } p_i = p_j = p \tag{6-26}$$

$$q_i = \frac{a-p_i}{b}, \quad \text{如果 } p_i < \min\{a, p_j\} \tag{6-27}$$

1. 伯川德-纳什均衡

我们做出如下定义：

①给定 $p_2 = p_2^b$，p_1^b 使得 $\pi_1(p_1, p_2^b) = (p_1 - c_1)q_1$ 最大化；

②给定 $p_1 = p_1^b$，p_2^b 使得 $\pi_2(p_1^b, p_2) = (p_2 - c_2)q_2$ 最大化；

③q_1, q_2 由(6-24)—(6-27)确定，$\{p_1^b, p_2^b, q_1^b, q_2^b\}$ 是伯川德-纳什均衡。

上述定义表明，在**伯川德-纳什均衡**中，在给定对手最优定价策略的情况下，任何企业都不可能通过单方面改变价格而获益。接下来，我们首先将该定义运用于不存在生产能力限制的市场。

2. 简单的伯川德模型

我们首先从简单的伯川德模型入手并探究其均衡所在。之所以称之为"简单的伯川德模型"，是因为我们做出了以下三个假设以简化模型：第一，企业的生产能力不受限制，可以生产任意数量的产出以满足市场需求；第二，企业之间进行一次性的价格博弈；第三，两家企业生产的产品完全同质。

根据(6-24)—(6-27)我们可以得知，企业面临的需求函数具有非连续性，当自身的定价高于对方时，所面临的市场份额为0；而若定价略低于对方，就可以得到全部市场。我们将企业把价格降低到对手之下的行为称为压价竞争（price-cutting）。此外，我们还假定企业具有相同的成本结构（$c_1 = c_2 = c$）。

那么，伯川德模型的均衡究竟是怎样的呢？为解得这一均衡，我们需要对市场中所使用的交易媒介做进一步假定。假定交换媒介的最小单位为 ε（可理解为现实中的最小法定货币），若 $\varepsilon = 0$，则我们称交易媒介是连续的；若 $\varepsilon > 0$，则我们称交易媒介是离散的。在这里我们主要分析交易媒介连续的情形：首先，企业1若考虑价格设定在 p^0 的水平上（$p^0 > c$），那么企业2就有激励将价格设定为 $p' < p^0$ 的水平（$p' > c$），以在略微降价的基础上夺取整个市场的需求,并获得正的利润。而企业1若维持p^0,将失去整个市场而获得0收益。因此,企业1会将价格进一步降低到$p''<p'$的水平($p''>c$),以占领整个市场。由此可以推知,只要对方的定价高于成本,己方就仍会有进一步降价的空间,以占据整个市场并获得正利润,而这一点对于对方也同样如此。直到两家企业将定价降低至成本($p_1=p_2=c$)时,因进一步降价将使得利润为负,故此时市场可以达到均衡,两企业以成本价格平分市场。

综上所述,在交易媒介是连续的情况下,伯川德-纳什均衡是$p_1^b=p_2^b=c$,同时$q_1^b=q_2^b=(a-p)/2b$,即若企业拥有相同的单位成本,则伯川德均衡价格与总产出水平和完全竞争均衡的结果相同。换言之,压价竞争使得企业的定价等于其边际成本。

在伯川德模型中,最终的均衡价格是$P=MC$,即价格等于边际成本。这表明,只要市场上有两个(或以上)生产同样产品的企业,没有一个企业可以控制市场价格,进而获取垄断利润。但在现实市场上,我们往往发现企业间的价格竞争并没有使均衡价格降低到等于边际成本,而是高于边际成本。对于许多产业来说,即便只有两家企业进行竞争,它们也能获得超额利润,这种现实与伯川德模型得出的结论存在不一致,这种结果经济学家往往称之为"伯川德悖论"(Bertrand paradox)。

产生伯川德悖论的原因在于,上述模型假定生产能力不受限制、一次性博弈以及产品同质。如果按照以下三种方式放松这些假定则可以解决这一悖论。第一种,生产能力受限。Edgeworth(1897)年最早使用该理论来试图解释伯川德悖论。基本思想是,由于现实中企业可能存在生产能力限制,那么只要有一家企业的全部生产能力对应的供应量不能满足社会总需求,则另一家企业对于尚未得到满足的那部分需求就可以收取超过边际成本的价格。第二种,重复博弈或动态竞争。在简单的伯川德模型中,我们假定企业只在一个时期开展价格竞争,但实际上,企业压价的行为很可能会引发一连串的价格战。如果一家企业意识到自己降价后会引起竞争对手更低定价的报复,这家企业未必就真敢降价,至少不会降到边际成本的水平。因此,一旦考虑动态博弈,就可能会存在均衡价格高于边际成本的情况。第三种,产品差异化。这一解释也非常容易理解,在简单的伯川德模型中,我们假定两个企业生产销售完全同质的商品,完全互相替代,因此会引发企业间的价格竞争。

但在现实生活中,企业的产品是存在差异的。在双寡头竞争模型中,只要企业销售的产品存在某种不同,那么就没必要把价格降低到边际成本水平上。

我们在接下来的部分中着重讨论生产能力受到限制条件下的博弈情况,探讨如何解决伯川德悖论。

6.3.2 存在生产能力限制条件下的伯川德模型

1. 生产能力限制

在生产能力限制下,任一家企业都不能满足市场需求。假定企业 i 索取最低价格 p,并且 $S_i(p) < D(p)$,即企业 i 的供给小于市场需求。此时需要其他企业满足剩余的需求,即其他企业面临着剩余需求曲线。哪些消费者应该从企业 i 购买?这就需要确定配给规则,剩余需求函数的形式依赖于配给规则。

2. 有效配给规则

假定 $k_1 < D(p_1)$,即企业 1 不能满足市场的全部需求,因而企业 2 面临着剩余需求。在有效配给规则下,企业 2 面临的剩余需求函数为

$$\tilde{D}_2(p_2) = \begin{cases} D(p_2) - k_1, & D(p_2) > k_1 \\ 0, & D(p_2) \leq k_1 \end{cases} \tag{6-28}$$

也就是说,需求欲望最强烈的消费者会先从企业 1 购买,直到达到企业 1 的生产限制后,再购买企业 2 的产品。由此可知,企业 2 面临的需求曲线是市场总需求曲线向左平移 k_1 个单位后的结果,如图 6-2 所示。因此,有效配给也被叫作平行配给(parallel rationing)。

这种配给规则之所以被称为有效的,是因为它最大化了消费者剩余。特别是,当 $D(p_2) > k_1$ 时,消费这一商品的边际消费者对商品的估价为 p_2,这是消费者获得这一商品的边际成本。

3. 价格竞争

在规模报酬不变的情况下,价格竞争将产生一个等于不变边际成本的均衡价格(即我们最初讨论的简单伯川德均衡)。但是在递减规模报酬的情况下,价格等于边际成本的情况却并非均衡。若按照边际成本定价,则要求

$$p^* = C'_1(q_1) = C'_2(q_2) \tag{6-29}$$

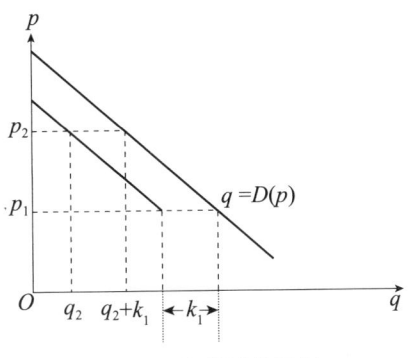

图 6-2 有效配给规则

图 6-3 描绘了在有效配给规则下,企业的对称边际成本曲线以及其所面临的需求曲线。由图可知,竞争性均衡价格是 p^*,每家企业的竞争性供给是 q^*。而当一家企业索取 p^* 价格时,另一家企业的剩余需求曲线就是图中的 $q = D(p) - q^*$。

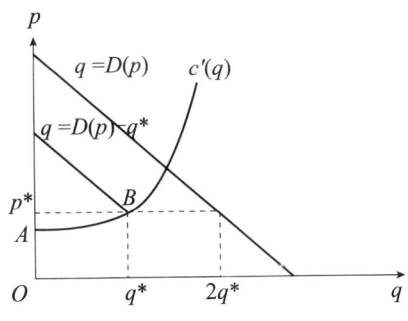

图 6-3 递减规模报酬与价格竞争

假设 $p^1 = p^2 = p^*$ 是纳什均衡,那么,每家企业的毛利润等于图 6-3 中的 Ap^*B 区域。但是我们可以从图上清楚地看到,如果一家企业索取 p^* 价格,则另一家企业在面临的剩余需求曲线上完全可以索取 $p > p^*$ 的价格,从而获得更高的利润。这样,竞争性均衡就不是一个纳什均衡。概括而言,在价格等于 p^*(等于边际成本)的情况下,由于任何一家企业都不能满足整个市场的需求,而是会给对手留下 $q(c) - q^*$ 的市场份额,因此对手可以在这一剩余的市场中提价(如提升到这一剩余市场的垄断价格)来获取更多利润。

6.3.3 伯川德与古诺均衡

如我们在之前的部分中所了解到的,在古诺市场结构下,企业以选择产量的方式进行竞争;在伯川德市场结构下,企业以选择价格的方式进行竞争。两种形态的市场结构产生了不同的市场均衡(包括市场价格、产量以及利润)。

那么,会不会存在一些特殊的情况,使得古诺模型和伯川德模型的解相同呢? Kreps & Scheinkman(1983)构造的一个两期动态博弈便是其中一种特殊情况。具体而言,企业在第一期选择产出水平(积累存货),在第二期中产出固定(不可改变),企业选择价格。他们证明,企业一期选择的产出与二期所选择的价格恰好是古诺市场结构下的产出水平与价格。换言之,对于两企业在第一期定产、第二期定价的博弈,子博弈精炼纳什均衡将恰好导致静态古诺博弈下的产出水平与价格。

关于 Kreps 和 Scheinkman 论点的详细证明可参见二人的论文,我们在此用一个简单的例子说明二人的论点。假定两企业面临的总市场需求函数为 $P = 10 - Q$,且两企业单位成本同为 $c = 1$。我们通过逆向归纳法(backwards induction method)来求解均衡。

第二期子博弈

假定两企业在第一期所选择的产出恰好是古诺均衡水平,即 $q_1^c = q_2^c = 3$,$Q^c = 6$。我们将证明,在第二期价格博弈的纳什均衡恰好是这一结果下的均衡价格,即 $p_i = 4 = p^c$。

尽管在第二期的企业可以任意确定价格,但是在给定一期产出水平分别为 3 的条件下,第二期的定价只会等于 4。其证明过程如下:首先,若给定对手定价为 4,任一企业都不会定价低于 4,因为降低价格并不会增加销量(产出水平限定在 3)。因此,降价只会降低收益。其次,任一企业也不会提高价格。因为在给定对手产出水平为 3 的条件下,任一企业面临的剩余需求曲线是 $p_i = 7 - q_i$,对于该剩余需求曲线而言,产出水平只要小于 3.5,需求价格弹性就是大于 1 的,在这种情况下提价只会导致企业收益减少。因此,企业也不会提价。

因此,在两企业产出水平都为 3 的条件下,第二阶段企业选择的价格是市场出售价格 $P = 4$。

第一期子博弈

在第一期,由于企业观察到第二期价格将是市场出清价,因此,一期每个企业生产的产出水平恰好是古诺产出水平。

值得注意的是,伯川德模型与古诺模型不应被视为两种相互矛盾的模型,二者只是对应了不同成本结构的产品市场。确切地说,它们是针对不同成本结构的产品市场竞争情况的描述。在日常生活中,伯川德模型往往比较适合具有平稳的边际成本的行业;而古诺模型则比较适合具有急剧上升的边际成本的行业。

6.4 重复博弈与共谋

在本节中,我们将展示古诺市场结构下,一次(或有限次)博弈不会实现共谋,但是无限重复的博弈则可能会导致共谋和卡特尔的出现。

为了简化分析,本节中我们假定市场的需求曲线为 $P = 1 - Q, Q = q_1 + q_2$,企业没有生产成本。

1. 一次性博弈

(1) 古诺竞争均衡(非合作均衡)

和之前一样,我们从企业的利润最大化条件入手,求解企业在均衡时的产量。企业1和企业2的利润函数如下所示:

$$\pi_1 = (1 - q_1 - q_2)q_1$$
$$\pi_2 = (1 - q_1 - q_2)q_2$$

通过利润最大化的一阶条件可解出:

$$q_1 = q_2 = \frac{1}{3}, \quad \pi_1 = \pi_2 = \frac{1}{9} \tag{6-30}$$

(2) 两企业共谋

我们假定在两企业存在共谋的情况下,会像完全垄断市场的卡特尔一样进行决策。此时,卡特尔的利润最大化问题为

$$\max_Q \pi = (1 - Q)Q$$

通过一阶条件可解出:

$$Q = \frac{1}{2}, \quad q_1 = q_2 = \frac{1}{4}, \quad \pi_1 = \pi_2 = \frac{1}{8} \tag{6-31}$$

(3) 背离共谋

在共谋的情况下,企业1和企业2都能获得比古诺均衡时更高的利润。

但这种共谋的情况是否稳定呢？换言之，企业是否有激励背离这一共谋呢？这需要对企业背离共谋后的利润进行计算。我们假定企业 2 继续选择共谋时的产量，而企业 1 选择背离。此时，企业 1 的利润最大化问题为

$$\max_{q_1} \pi_1 = \left(1 - \frac{1}{4} - q_1\right)q_1 = \frac{3}{4}q_1 - q_1^2$$

通过一阶条件可解出：

$$q_1 = \frac{3}{8}, \quad \pi_1 = \frac{9}{64}, \quad \pi_2 = \frac{3}{32} \tag{6-32}$$

我们可以看出，企业 1 选择背离后的利润大于继续共谋的利润，因此它有激励去背离这一共谋。

为了更加直观地展示此时的均衡，我们将以上各种博弈情况下的结果，即企业 1 和企业 2 的产量选择以及对应的利润汇总在表 6-1 中。根据表中的数据，很容易证明一次性博弈的纳什均衡就是古诺竞争均衡，即 $q_1 = q_2 = \frac{1}{3}$。

表 6-1　一次性博弈的各种结果

1 \ 2	$q_2 = L = 1/4$	$q_2 = M = 1/3$	$q_2 = H = 3/8$
$q_1 = L = 1/4$	1/8, 1/8	5/48, 5/36	3/32, 9/64
$q_1 = M = 1/3$	5/36, 5/48	1/9, 1/9	7/72, 7/64
$q_1 = H = 3/8$	9/64, 3/32	7/64, 7/72	3/32, 3/32

2. 有限期重复的博弈

Selten 定理表明：如果一个具有唯一纳什均衡的博弈重复有限多次，则每一次均衡解的结果仍是该纳什均衡。即具有唯一纳什均衡解的博弈重复有限多次，其解是重复博弈的纳什均衡解。Selten 定理说明，囚徒困境在有限期重复博弈中不会被打破，而此处企业共谋的结果也不会出现。

有限期重复博弈不会得到共谋的均衡，这一点如何直观地理解呢？可以这样设想，在博弈的最后一期，企业 1 和企业 2 面临的博弈与一次性博弈相同，因此如果有一家企业选择共谋产量，另一家企业一定会为了更高的利润而选择背离；在倒数第二期，企业预期到了下一期（即最后一期）不会出现共谋结果，那么在本期也必然不会选择共谋，因为同样在这期如果有一家企业选择共谋产量，另一家企业一定选择背离；由此向前推知，企业在第一期一开

始就不会选择共谋,而是维持古诺均衡的产量。

3. 无限期重复的博弈

在这部分中,我们假设企业之间的博弈延续无限期(或换言之,企业都不知道博弈究竟会在哪期结束)。在无限期博弈的情况下,企业必须对未来的利润进行贴现。假定企业每一期的利润是 π,假定贴现率因子是 δ,假定博弈会进行到下一期的概率是 p,则企业利润贴现值是:

$$V(\pi) = \pi + p\delta\pi + (p\delta)^2\pi + \cdots + (p\delta)^t\pi + \cdots \tag{6-33}$$

$$V(\pi) = \pi + p\delta[\pi + (p\delta)^2\pi + \cdots + (p\delta)^t\pi + \cdots] = \pi + p\delta V(\pi) \tag{6-34}$$

$$V(\pi) = \frac{\pi}{1 - p\delta} \tag{6-35}$$

令 $\rho = p\delta$,ρ 是经概率修正后的贴现率,则

$$V(\pi) = \frac{\pi}{1 - \rho} \tag{6-36}$$

假定每一期两企业都观察到了以往全部期的博弈,并使上述的一次性博弈重复进行。每个企业选择 $q_i(t) = \{L, M, H\}$,$i = 1, 2, \cdots, t = 1, 2, \cdots$。

$$V_i = \sum_{t=1}^{\infty} \rho^{t-1} \pi_i(t) \tag{6-37}$$

企业采取触发策略(trigger strategy)进行决策,即如果一方采取不合作的策略,另一方也随即采取不合作策略(并且以后永远采取不合作策略)。用数学语言表达就是对于任何的 τ,$\tau = 1, 2, \cdots$,只要对于所有的 $t = 1, \cdots, \tau - 1$,$q_1(t) = q_2(t) = L$,那么 $q_i(\tau) = L$,否则 $q_i(\tau) = M$。

在 τ 期,若企业 i 选择背离,其贴现后的利润为

$$\pi_i = \pi_i(H, L) + \sum_{t=\tau+1}^{\infty} \rho^{t-\tau} \pi_i(t) \tag{6-38}$$

等式右边的第一项代表企业 i 在背离当期获得的利润,第二项代表之后所有期利润的贴现之和。由触发策略可知,接下来其他企业不会再选择共谋,因此企业 i 所面临的是无限期的古诺竞争,其获得的利润可记为

$$\pi_i = \pi_i(H, L) + \sum_{t=\tau+1}^{\infty} \rho^{t-\tau} \pi_i(t) = \frac{9}{64} + \frac{\rho}{9} + \frac{\rho^2}{9} + \cdots$$

$$= \frac{9}{64} + \frac{\rho}{9(1 - \rho)} \tag{6-39}$$

在 τ 期,若企业 i 选择以后一直共谋,则其贴现后的利润为

$$\pi_i = \sum_{t=\tau}^{\infty} \rho^{t-\tau} \pi_i(L,L) = \frac{1}{8} + \frac{1}{8}\rho + \frac{1}{8}\rho^2 + \cdots = \frac{1}{8(1-\rho)} \quad (6\text{-}40)$$

因此,若企业选择继续共谋的利润大于背离,即 $\frac{1}{8(1-\rho)} > \frac{9}{64} + \frac{\rho}{9(1-\rho)}$,则共谋的情况会一直持续下去,否则共谋不会存在。对这一结论进行化简,可知当 $\rho > \frac{9}{17}$ 时,两企业采取的触发策略将构成一个子博弈精炼纳什均衡,使得共谋的局面能持续稳定地达成。由于 ρ 代表着未来利润的贴现率,我们可以直观地设想,当企业对未来利润看得越重要(即 ρ 越大),企业之间的共谋就越容易达成。

接下来我们考虑一个更广泛的情形,假定有 n 个企业参与博弈。对于任一家企业而言,如果坚持共谋,其任一期利润是 $\pi_i = \frac{\pi_m}{n}$;而若在某一期选择背叛,而其他 $n-1$ 家企业坚持共谋,背叛者会夺走其他人的市场,使得当期获得比共谋时更多的利润。但是从该期后,所有其他 $n-1$ 家企业采取报复性行动,使得该企业只能获得非合作的均衡利润。令 π_i^c 表示合作获得的均衡利润,π_i^n 代表非合作获得的均衡利润,π_i^d 代表背叛当期获得的利润,则有 $\pi_i^d > \pi_i^c > \pi_i^n$。

企业选择共谋还是背叛,取决于两种策略下利润贴现值的比较。在选择共谋的情况下,企业 i 的利润为

$$V_i^c = \pi_i^c + \rho \pi_i^c + \rho^2 \pi_i^c + \cdots = \frac{\pi_i^c}{1-\rho} \quad (6\text{-}41)$$

若企业 i 选择背叛,其利润为

$$V_i^d = \pi_i^d + \rho \pi_i^n + \rho^2 \pi_i^n + \cdots = \pi_i^d + \rho(\pi_i^n + \rho^2 \pi_i^n + \cdots)$$
$$= \pi_i^d + \rho \frac{\pi_i^n}{1-\rho} \quad (6\text{-}42)$$

若 $V_i^c = \frac{\pi_i^c}{1-\rho} > \pi_i^d + \rho \frac{\pi_i^n}{1-\rho} = V_i^d$,则企业 i 会选择共谋,将该不等式进行简化后可以得到企业共谋的条件如下:

$$\pi_i^c - \rho \pi_i^n > (1-\rho) \pi_i^d$$
$$\Rightarrow \rho(\pi_i^d - \pi_i^n) > \pi_i^d - \pi_i^c$$

$$\Rightarrow \rho > \frac{\pi_i^d - \pi_i^c}{\pi_i^d - \pi_i^n} \tag{6-43}$$

因此，要使企业不背离共谋，需要满足的条件为

$$\rho > \rho^* = \frac{\pi_i^d - \pi_i^c}{\pi_i^d - \pi_i^n}, \quad 0 < \rho < 1 \tag{6-44}$$

6.5 共谋：由何而来又如何解决？

6.5.1 影响共谋的因素

1. 市场集中度

假定市场中有 n 个企业进行共谋，每个企业在每期的利润都为 $\frac{\pi^m}{n}$；而若企业选择背离共谋，并将价格降低到略微低于垄断定价的水平，则它将在本期获得全部的垄断利润，但在下一期则会被踢出共谋，无法获取收益。当后者的利润小于前者时，企业之间的共谋便得以维持，即满足以下条件：

$$\pi^m \leq \frac{\pi^m}{n}(1 + \rho + \rho^2 + \cdots) \tag{6-45}$$

由此可推导出 $\frac{1}{n} \geq 1 - \rho$，即 $\rho \geq 1 - \frac{1}{n}$。

因此可知，维持共谋所需贴现因子 ρ 的阈值随着企业数量 n 的增大而增大。换言之，当市场中的 n 较少，即市场集中度较高时，共谋的情况更容易发生。我们可以从两个角度理解这一现象：第一，当 n 个企业进行共谋时，每个企业的利润都为 $\frac{\pi^m}{n}$，而它是 n 的递减函数，因此企业数量的增加会减少每个企业的利润，从而减少了背离共谋的机会成本；第二，当市场中的企业数量越多时，某一企业发生背离行为的难度也会大大增加。因此，高集中度的市场易于滋生共谋。

2. 信息滞后

此前，我们一直假定信息不存在滞后性，企业在当期的定价会立刻被其他企业察觉，并引起其他企业的触发策略。但现实中往往存在着信息滞后的

情况,偌大市场中一家企业的定价行为往往在一段时间后才被整个市场察觉。因此,我们在这里假定企业的定价行为在两个时期后才被其他企业观察到并做出反应,这意味着背离共谋的企业可以获得两期的垄断利润。此时,共谋得以维持的条件变为

$$\frac{\pi^m}{2}(1+\rho+\rho^2+\cdots) \geq \pi^m(1+\rho) \Rightarrow \rho \geq \frac{1}{\sqrt{2}} \qquad (6\text{-}46)$$

此条件相比以前 $\rho \geq \frac{1}{2}$ 更严格。因此我们可以得知,信息滞后不利于共谋。

3. 交易频率

市场当中的交易频率为何会影响共谋呢?这是因为,市场的交易频率会导致临界的折现因子 ρ 有不同的周期。具体而言,假如交易每个月发生一次,且临界的折现因子 $\rho^* = 0.8$,则转化为年折现因子为 $0.8^{12} \approx 0.07$;而若交易半年发生一次,则转化为年折现因子为 $0.8^2 \approx 0.64$。比较二者可以发现,交易频率低(半年发生一次)时临界的折现因子更大,会更加容易导致共谋。直观理解,当市场中的交易频率低时,惩罚背离共谋者的时间跨度也需要更长,使得背离更加容易发生。

4. 需求波动

在现实中,企业面临的需求往往存在波动,而波动的大小也会影响共谋。Rotemberg & Saloner(1986)给出的"繁荣时期的价格战理论"对此进行了详细讨论。直观理解而言,当企业有机会在某一期面临更高的需求时,以降价来背离共谋的诱惑也会更大,其维持共谋所需的临界折现因子也会更大,使得背离更加容易发生。

5. 成本相似

总体而言,合谋更容易发生在成本相似的企业之间,而不是成本差异较大的企业之间。当企业之间的成本更加相似时,往往能更容易地对市场份额、定价等问题达成一致,且对利润的分配也会更加明确。而对于成本差异较大的企业而言,在共谋形成卡特尔的局面下,如何分配各自的产量和利润,以及如何协调定价,都是颇为困难的事情。

6. 多市场接触

企业同时接触多个市场时有助于共谋的达成。回顾我们此前的结论,在单一产品市场中维持共谋的条件是(假定共谋价格是垄断价格,市场交易每期发生一次)$\rho \geq \frac{1}{2}$。现在我们假定市场不再是单一的,而是存在两个相同且独立的市场,两家企业在两个市场中都存在竞争关系。假定市场1比起市场2的交易更加频繁。假定市场1每个时期交易一次,市场2每两个时期交易一次,且各时期之间的贴现因子均是 ρ。此时,市场1实际的贴现因子就是 ρ,而市场2实际的贴现因子是 ρ^2。根据 $\frac{1}{2} \leq \rho < 1$,可知 $\rho^2 < \frac{1}{2} \leq \rho$。如果不存在多市场接触,当企业的折现因子为0.6时,共谋在市场1中是可维持的(因市场2共谋的条件是 $\rho \geq 0.5$),但在市场2中则不可维持(因市场2共谋的条件是 $\rho \geq 0.618$)。如果存在多市场接触,则共谋在两个市场都是可维持的,因为:

$$2 \times \frac{\pi^m}{2} \leq \frac{\pi^m}{2}(\rho + \rho^2 + \cdots) + \frac{\pi^m}{2}(\rho^2 + \rho^4 + \rho^6 + \cdots) \qquad (6\text{-}47)$$

$$\Rightarrow 4\rho^2 + \rho - 2 \geq 0 \Rightarrow \rho \geq 0.593 \qquad (6\text{-}48)$$

7. 信息不对称

此前我们已经了解,企业价格信息传导的滞后不利于共谋的达成。在这种情况下,尽管存在信息的滞后,企业以压低价格而背离共谋的行为最终仍然会被观察到。在实际上,有些背离行为是很难观察的,这些行为不像压价一样便于观察,例如提供更多的服务、打折等。如果观察不到对手的价格变动,企业往往会根据自身所占市场份额的变动来推测对手的价格变化。但是市场份额的变化可能来自对手的竞争策略,也可能是整个市场需求的变动。在需求具有随机波动性的情况下,这一推测会变得十分困难。因此在信息不完备的情况下,共谋难以维持下去。

6.5.2 估计共谋的价格效应

卡特尔是企业共谋的重要组织形式。通常认为,卡特尔会对竞争构成威胁。但是卡特尔存在对于竞争威胁的程度有多高?这是政策制定者要考虑的问题。根据无名氏定理,共谋导致的利润高于竞争市场的利润,但是并非一定等于垄断利润。如果政府采取政策措施制裁企业的共谋行为,也许耗费的成本会造成更加高昂的代价。因此在制定相关政策前,需要对卡特尔的垄断程度进行估计。

如何估计卡特尔的垄断程度?从卡特尔对市场价格的影响出发是一个可行的角度,而这需要知道"若不存在卡特尔时市场的价格"。但是"若不存在卡特尔时市场的价格"是一种反事实的情况,那就往往无法真正观察到,因此研究者通常利用行业的成本与需求的参数去推断"若不存在卡特尔时市场的价格"。

研究者们通常有四种方法估计这一价格:第一,尝试建立一个古诺市场模型,用成本和需求近似地估计若不存在卡特尔情况下的非合作价格;第二,利用勒纳指数,结合生产能力使用率、固定成本、边际成本等数据估计价格;第三,使用先后比较的方法,即找到卡特尔还没有形成的时期,采取某种方法测度这一时期的价格;第四,设定简约式(reduced form)的时间序列计量模型并控制其他变量,从而估计市场上需求与供给的交互作用和测定卡特尔的影响。

第四种方法常常会用到下列计量模型:

$$p_{it} = \alpha + \beta y_{it} + \gamma w_{it} + \delta s_{it} + \lambda D_{it} + \varepsilon_{it} \tag{6-49}$$

其中,p_{it}表示第 i 个地区在 t 期的市场价格,y_{it}表示影响需求的变量(如收入、其他商品的价格等),w_{it}表示影响供给的变量,s_{it}表示市场结构特征(集中度、规模经济等),D_{it}表示描述卡特尔影响的虚拟变量,ε_{it}代表误差项。

然而,尽管使用简约式进行估计的方法看似简单合理,但这种方法也存在着一些潜在缺陷,其一便是它对数据要求严苛,需要有卡特尔成立前后足够的观察数据,以便获得对虚拟变量可靠的估计。但实际上,w_{it}中的某些变量(如要素成本),往往只能在卡特尔的同意下获得。此外,该模型可能需要用工具变量法来克服内生性问题,而工具变量的选取也是一大难题。

6.5.3 反垄断政策

通过此前的分析我们已经了解到,垄断可能导致消费者剩余和社会总福利降低的恶果,那么现实中有什么方法可以避免垄断呢?在这一节中,我们着重介绍两种最常见的反垄断方式,即"调查与罚金"以及"宽大 – 豁免策略"。

1. 调查与罚金

此前我们通过计算得知,企业通过共谋而获得的利润是 $V_i^c = \dfrac{\pi_i^c}{1-\rho}$。

为了制裁和避免企业的共谋行为,政府往往通过法律或行政手段对此进行惩罚。法律手段主要是对有共谋嫌疑的企业进行调查并起诉,行政手段则以罚款为主。我们通过以下模型对"调查与罚金"如何有效避免企业共谋进行说明。

首先,我们假定反垄断机构调查某一企业共谋行为的概率是 α,而且这种调查只需要一期就可以完成。调查后,成功起诉的概率为 s,罚款数额为 F。在这种情况下,我们可知共谋企业的预期利润现值为

$$V_i^c = \frac{\pi_i^c - \alpha s F + \dfrac{\alpha s \rho}{1-\rho}\pi_i^n}{1 - \rho(1-\alpha s)} \tag{6-50}$$

从(6-50)可以看到,罚款额 F 和调查并起诉成功的概率 αs 是影响共谋企业利润的两个重要因素。如果调查并成功起诉的概率 $\alpha s = 1$,则可知

$$V_i^c = \pi_i^c - F + \frac{\rho \pi_i^n}{1-\rho} \tag{6-51}$$

若要使这一预期利润超过背离共谋的利润 $V_i^d = \pi_i^d + \dfrac{\rho \pi_i^n}{1-\rho}$,必须有 $V_i^c = \pi_i^c - F > \pi_i^d$。此时即使不采取罚款措施(即 $F = 0$),这一条件也不可能满足。因此,只要反垄断机构发现并成功起诉共谋企业的概率足够高(如 $\alpha s = 1$),即使不罚款,企业之间共谋的行为也难以形成。

2. 宽大 – 豁免策略

以高概率调查并成功起诉企业共谋并不容易,且常常代价很高。因此政府往往更愿意采取"宽大 – 豁免"的策略,来激发共谋企业揭发同伴的共谋行为。在世界上许多国家的反垄断政策中都有类似这样的规定:首位帮助反垄断机构成功起诉合谋的卡特尔成员可以免于处罚,而其他成员则会面临大量处罚。这样的"宽大 – 豁免"策略在一定情况下可以有效降低共谋达成的概率,因为它降低了背离共谋的成本和共谋的收益;但与此同时,"宽大 – 豁免"策略也是一把双刃剑,反而可能会助长企业之间的共谋,因此这一策略的

实施需要慎之又慎。

6.6 总结

本章对同质产品不同情况的垄断竞争进行了探讨,包括古诺竞争、斯塔克尔伯格竞争以及伯川德竞争,并对各类竞争的均衡进行了求解和相应拓展。接下来,我们还对垄断竞争市场上企业间的共谋进行了讨论,包括何时企业会进行共谋,而共谋又该如何破解。

6.7 习题

1. (1) 假定在一个双企业市场上,企业的成本函数为 $TC_i = c_i q_i, i = 1, 2$,$c_1, c_2 \geq 0$,市场总需求函数 $P = a - bQ, a > 0, b > 0$,且 $a > c_i, Q = q_1 + q_2$。求解企业1、2此时的古诺均衡产量和利润。

(2) 假定市场上有 N 个卖主且 $N \geq 3$。假定这 N 个企业拥有相同的成本函数 $C_i = C, i = 1, \cdots, N$,求解此时的古诺均衡产量和利润(提示:分析一家代表性企业即可)。

(3) 就古诺均衡的结果,讨论随企业数目的增加将导致社会福利增加,其中社会福利用消费者剩余与企业利润加总表示。

2. 假设市场逆需求曲线是 $P = 120 - Q, Q = q_1 + q_2 + q_3$,并假设三个企业依次设定产出水平:企业1在时期1设定 q_1,企业2在时期2设定 q_2,企业3在时期3设定 q_3,然后企业销售产品获得利润。求出此时序贯行动均衡(假设生产无成本),即每个企业的产出水平和市场价格。

3. 假定两个企业在一种同质产品市场中进行伯川德竞争。在该市场中有 $N > 0$ 个消费者。如果产品价格不超过10美元,每个消费者或从较低价格的企业购买一单位,或不购买。如果两个企业收取相同价格,则各有 $N/2$ 个消费者购买。

(1) 假设两个企业的生产成本为零,求伯川德均衡价格。

(2) 假设企业2的单位生产成本是4美元,但企业1的单位成本仍是零,求伯川德均衡价格。

参考文献

Bertrand, J. 1883. "Theorie Mathematique de la Richesse sociale". *Journal de Savants*, 67: 499-508.

Cournot, A. 1838. *Recherches sur les Principes Mathématiques de la Richesse*. English edition (ed. N. Bacon): *Researches into the Mathematical Principles of the Theory of Wealth*. New York: Macmillan, 1897.

Edgeworth, F. Y. 1897. *La teoria pura del monopolio. Giornale* degli economisti, 13-31. In English: *The Pure Theory of Monopoly, in Papers Relating to Political Economy*. London: Macmillan, 1925: 111-142.

Kreps, D. and J. Scheinkman. 1983. "Quantity Precommitment and Bertrand Competition Yield Cournot Outcomes". *Bell Journal of Economics*, 14: 326-337.

Rotemberg, J. and G. Saloner. 1986. "A Supergame-Theoretic Model of Price Wars during Booms". *American Economic Review*, 76(3): 390-407.

von Starkelberg, H. 1934. *Market form and Gleichgewicht (Market Structure and Equilibrium)*. Vienna: Springer-Verlag.

第七章 寡头:异质产品竞争

在现实生活中我们经常发现,同一行业的企业所生产的产品往往并非完全相同,而是具有各方面的差异。如我们熟知的电视机行业,各类品牌常常具有各自特有的型号或功能,以赋予用户不同的体验。与此同时,我们还常常发现,企业乐意通过广告等方式来推广自己的品牌,使用户相信自家的产品与别家不同。

因此,对同一行业中**异质产品市场**的分析十分必要,而本章的内容正适用于此。本章后续部分的安排如图 7-1 所示,分"**非区位模型**"与"**区位模型**"两部分来对异质产品市场进行探究,而两类模型内部又可进一步细分。其中,对于非区位模型的讨论将从**品牌数量给定**的假定下开始,讨论**古诺市场和伯川德市场**下的均衡;其后,我们将**品牌数量内生**,探讨此时的市场均衡。而对于区位模型,我们将按照**线形模型**和**环形模型**的顺序进行讨论。

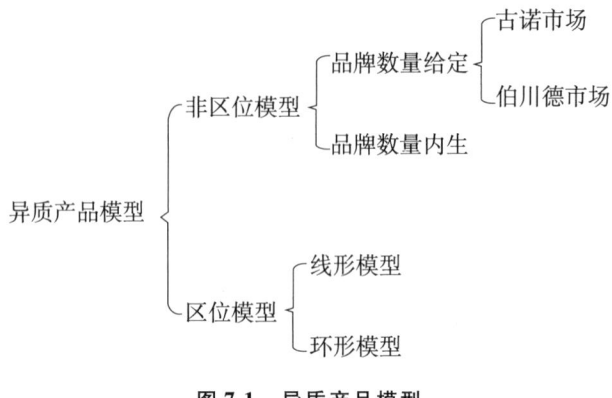

图 7-1 异质产品模型

7.1 两种异质产品模型

7.1.1 需求函数与产品差别的测度

1. 间接需求函数与直接需求函数

首先,我们假定市场上存在两家生产异质产品的企业,且生产成本均为零。接下来,我们假定这两种产品面临的市场需求可用如下两种方式表达:

(1)间接需求函数(也称为逆需求函数)

$$p_1 = a - bq_1 - cq_2, \quad p_2 = a - bq_2 - cq_1$$

其中 $b > 0$,$b^2 > c^2$,这意味着相比其他异质产品的产量,产品自身的产量对自身的价格影响更大。

(2)直接需求函数

$$q_1 = \frac{1}{2}\left[\alpha - \beta\left(1 + \frac{\gamma}{2}\right)p_1 + \frac{\beta\gamma}{2}p_2\right], \quad q_2 = \frac{1}{2}\left[\alpha - \beta\left(1 + \frac{\gamma}{2}\right)p_2 + \frac{\beta\gamma}{2}p_1\right]$$

其中,参数 γ 表示产品差别化程度。

实际上,间接需求函数模型其实可以转换为直接需求函数模型。根据间接需求函数的表达式

$$p_1 = a - bq_1 - cq_2 \tag{7-1}$$

$$p_2 = a - bq_2 - cq_1 \tag{7-2}$$

可以写出相应的矩阵形式:

$$\begin{pmatrix} b & c \\ c & b \end{pmatrix} \begin{pmatrix} q_1 \\ q_2 \end{pmatrix} = \begin{pmatrix} a - p_1 \\ a - p_2 \end{pmatrix} \tag{7-3}$$

进而根据矩阵求解的方法,可以推导出直接需求函数:

$$q_1 = \alpha - \beta p_1 + \gamma p_2$$
$$q_2 = \alpha + \gamma p_1 - \beta p_2 \tag{7-4}$$

其中

$$\alpha = \frac{a(b-c)}{b^2 - c^2}, \quad \beta = \frac{b}{b^2 - c^2} > 0, \quad \gamma = \frac{c}{b^2 - c^2} > 0$$

2. 测度异质产品的差异性

如何衡量异质产品之间的差异性大小呢?我们选用这样的测度因子 $\delta =$

$\frac{c^2}{b^2}$（其中，c 和 b 都来自上文所述的间接需求函数）。

根据测度因子的大小，我们可以推知：

①$\delta \to 0$（即 $c^2 \to 0$，因此 $\gamma \to 0$），表示产品的差异性高，j 产品价格变化对 i 产品需求几乎没有影响。

②$\delta \to 1$（即 $c^2 \to b^2$，因此 $\gamma \to \beta$），表示产品的差异性低，j 产品价格变化对 i 产品需求的影响（在绝对值上）相当于 i 产品自身价格变化对于其需求的影响。

为了使我们能更好地理解测度因子，图 7-2 描述了需求参数 b 与 c 之间的关系。从图中我们可以看出，向对角线方向移动时，产品会变得更加同质；而向中轴线移动时，产品之间的差异则会增加。

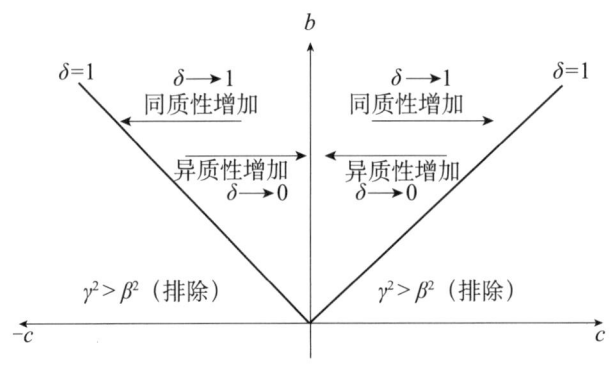

图 7-2　衡量产品差异的程度

7.1.2　异质产品的产量博弈

在上一章中，我们已经了解到同质产品在古诺市场中的均衡如何求解。在这一节中，我们将古诺市场运用到异质产品上来，并寻找其均衡所在。

为了便于分析，我们仍然假定企业的成本为 0。根据此前的间接需求函数，我们可以写出企业 i 的利润最大化问题：

$$\max_{q_i} \pi_i(q_i, q_j) = (a - bq_i - cq_j)q_i, \quad i,j = 1,2, \quad i \neq j \tag{7-5}$$

根据其一阶条件，可以推知企业 i 的最优反应函数，并画出具体的图形表达（图 7-3 左图）。

$$\frac{\partial \pi_i}{\partial q_i} = a - 2bq_i - cq_j = 0 \Rightarrow q_i = R_i(q_j) = \frac{a - cq_j}{2b} \tag{7-6}$$

由此可知，当 $c \to b$（产品同质性增加）时，企业 i 的最优反应曲线变陡，自身的产出对于对手产出的反应会更加敏感；若 $c \to 0$，则企业 i 的最优反应函数为常数，此时两种产品截然不同，无法相互替代。

通过求解两家企业的最优反应函数，我们可以得到下列结果：

$$q_i^c = \frac{a}{2b+c}, \quad p_i^c = \frac{ab}{2b+c}, \quad \pi_i^c = \frac{a^2 b}{(2b+c)^2}, \quad i = 1, 2 \tag{7-7}$$

从中我们可以看出，随着 c 的提高（产品同质性增加），单个企业的产出以及利润、总产出和市场价格都将下降。

因此可以得出以下结论：在古诺市场中，对于生产异质产品的企业而言，产品异质性的增加有利于企业利润的提高。

这一结论具有重要的现实意义，它解释了为何现实中的企业会将大量支出用于品牌广告，以宣传其产品的独特性，并努力将自家的产品与其他企业的区分开来。

7.1.3 异质产品的价格博弈

在求解完异质产品在古诺市场中的均衡后，我们将目光调转到伯川德市场中来，探究异质产品在价格博弈中的均衡。

根据企业 i 的直接需求函数，我们可以写出此时它的利润最大化问题：

$$\max_{p_i} \pi_i(p_i, p_j) = (\alpha - \beta p_i + \gamma p_j) p_i, i, j = 1, 2, i \neq j \tag{7-8}$$

同样地，根据利润最大化的一阶条件，我们可以推导出企业 i 的最优反应函数：

$$\frac{\partial \pi_i}{\partial p_i} = \alpha - 2\beta p_i + \gamma p_j = 0 \Rightarrow p_i = R_i(p_j) = \frac{\alpha}{2\beta} + \frac{\gamma p_j}{2\beta} \tag{7-9}$$

接下来，我们利用对称性，将两家企业的最优反应函数画出（图 7-3 右图）。

将异质产品的价格竞争（右图）与产量竞争（左图）相比我们会发现，价格竞争下企业的最优反应曲线向右上方倾斜，与产量竞争完全相反，即面对对手提高价格的行为，自己的最优反应也是提高价格。

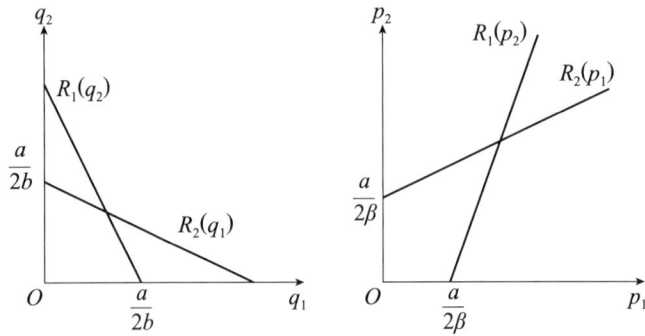

图7-3 异质产品的最优反应函数

通过对两企业最优反应函数的求解,我们得到以下结果:

$$p_i^b = \frac{\alpha}{2\beta - \gamma} = \frac{a(b-c)}{2b-c}$$

$$q_i^b = \frac{\alpha\beta}{2\beta - \gamma} = \frac{ab}{(2b-c)(b+c)}$$

$$\pi_i^b = \frac{\alpha^2 \beta}{(2\beta - \gamma)^2} = \frac{a^2 b(b-c)}{(2b-c)^2 (b+c)} \quad (7\text{-}10)$$

在均衡时企业 i 的利润 π_i^b 表达式中,我们可以得到两点发现:

第一,随 c 上升(即产品趋同)利润下降$\left(因为 \frac{\partial \pi_i^b}{\partial c} < 0\right)$。

第二,当 c 等于 b(即产品同质时),企业的利润为 0,这一结果与同质产品价格竞争的结果相同。

因此我们可以推知,在伯川德市场中,企业的利润随产品异质性的增加而提高。

7.1.4 比较异质产品条件下的古诺均衡与伯川德均衡

在前两节推导出异质产品在古诺和伯川德市场中的均衡后,我们还需对二者进行对比。具体而言,我们希望对以下两个问题得出结论:

第一,哪种市场结构会导致更高的均衡价格?

第二,产品异质性程度的变化会如何影响两类市场价格的差异?

我们将古诺均衡价格与伯川德均衡价格相减可得

$$p_i^c - p_i^b = \frac{ab}{2b+c} - \frac{\alpha}{2\beta - \gamma} = \frac{ab}{2b+c} - \frac{a(b-c)}{2b-c} = \frac{a}{4\frac{b^2}{c^2} - 1} > 0 \quad (7\text{-}11)$$

由此我们可以对以上两个问题做出解答：

第一，异质产品在古诺市场上的均衡价格高于伯川德市场。

第二，异质产品的异质性越大，古诺均衡价格与伯川德均衡价格的差异越小（因为 $\frac{\partial [p_i^c - p_i^b]}{\partial c} > 0$）。

第三，当产品趋于完全同质（$c \to 0$）时，古诺均衡价格与伯川德均衡价格的差异趋于0。

7.2 异质产品的垄断竞争

在这一部分中，我们对异质产品的垄断竞争均衡进行分析（Chamberlin, 1933），探讨一个行业在达到均衡时，会拥有多少种异质产品（即该行业拥有多少种品牌）。在进入具体的分析前，我们首先进行以下假定：

①消费者具有相同的偏好，因此可以用代表性消费者对整体进行分析；

②代表性消费者喜欢多样化的消费，即品牌种类多多益善；

③企业可以生产无穷多种的品牌；

④准许新品牌自由进入。

为了便于分析，我们在这里只讨论封闭经济下的情形。接下来，我们将 Dixit & Stiglitz（1977）构造的模型进行简化分析。

假定各种产业的产品可以相互替代，且存在一个代表性消费者（即不存在偏好差异），该消费者对每种商品都消费一点而不是只消费他最偏好的商品。代表性消费者消费的商品包括两项，一项是 q_0（该产品是法定产品），另一项是子效用函数，该函数依赖于消费的所有其他商品（称为差异化产品）：

$$U = U(q_0, (\sum_{i=1}^{n} q_i^\rho)^{\frac{1}{\rho}}) \tag{7-12}$$

子效用函数为不变替代弹性（CES, constant elasticity of substitution）函数。假定 U 为凹函数，即 $\rho \leq 1$，P_i 为差异化产品的价格，则代表性消费者面临的预算约束可写为

$$q_0 + \sum_{i=1}^{n} P_i q_i \leq I \tag{7-13}$$

其中，I 是外生给定的代表性消费者收入。

假定在异质产品部门,每个企业只生产一种产品,且潜在的企业数目是无限大的。企业生产每种产品的成本完全一致,其中固定成本为 f,边际成本为 c。此处因为假设存在固定成本 f,所以整个行业只能生产有限数目的产品,产品数目 n 需满足 $nf<I$ 的条件。

为简化起见,我们假定 n 的值很大,且企业可以自由进出这一行业。因此,企业的利润恒等于 0,而与消费者收入并无关系。

将代表性消费者的预算约束直接代入其效用函数中,我们可以得到

$$U = U\left[\left(I - \sum p_i q_i\right), \left(\sum q_i^\rho\right)^{\frac{1}{\rho}}\right] \tag{7-14}$$

根据效用最大化的一阶条件(将 U 对 q_i 求偏导并令其等于 0),可以得到

$$U_1 p_i = U_2 \left(\sum_{j=1}^n q_j^\rho\right)^{\frac{1}{\rho}-1} q_i^{\rho-1} \tag{7-15}$$

其中,U_k 代表效用函数 U 对第 k 项变量的偏导数。

因为此前我们假设品牌数量 n 的值很大,所以单一产品价格 q_i 的变化对于整个行业中所有品牌产品的总体价格 $\sum_{j=1}^n q_j^\rho$ 的影响很小,因此对 U_1 和 U_2 的影响也很小。

因此,对产品 i 的需求函数可以近似表示为

$$q_i = K P_i^{\frac{-1}{1-\rho}} \tag{7-16}$$

其中,$K = \left[\dfrac{U_2}{U_1}\left(\sum_{j=1}^n q_j^\rho\right)^{\frac{1}{\rho}-1}\right]^{\frac{1}{1-\rho}}$,且 $K > 0$。

7.2.1 企业

对于企业而言,我们假定每个企业只生产一种品牌的产品(即企业 i 只生产品牌 i 的产品,而品牌 i 的产品也只由企业 i 生产)。企业 i 的总生产成本(TC)由下式给出:

$$TC_i = \begin{cases} f + Cq_i, & q_i > 0 \\ 0, & q_i = 0 \end{cases} \tag{7-17}$$

其中,f 代表企业生产时所要付出的固定成本($f>0$),C 代表可变成本($C>0$)。

对于生产第 i 种品牌商品的企业而言,其利润最大化问题为

$$\max_{P_i} \pi_i = (P_i - C) q_i - f \tag{7-18}$$

根据利润最大化的一阶条件可知：

$$P_i\left(1 - \frac{1}{e_d}\right) = C \Rightarrow P_i = \frac{C}{\rho} \tag{7-19}$$

这代表着产品之间的差异越大，产品的价格就越高。

假定所有企业是对称的，差异化部门所有企业生产相同的数目（$q_i = q$），根据零利润条件可知

$$\left(\frac{C}{\rho} - C\right)q = f \tag{7-20}$$

使用(7-15)得到

$$U_1 \frac{C}{\rho} = U_2 (nq^\rho)^{\frac{1}{\rho}-1} q^{\rho-1}$$

$$\Rightarrow C U_1\left(I - \frac{ncq}{\rho}, n^{\frac{1}{\rho}} q\right) = n^{\frac{1}{\rho}-1} \rho U_2\left(I - \frac{ncq}{\rho}, n^{\frac{1}{\rho}} q\right) \tag{7-21}$$

因此可知，q 是由(7-20)决定的。在代入 q 后，(7-21)决定企业数目 n，于是我们得到了垄断竞争的均衡解（q^{mc}, n^{mc}）。

接下来，我们考虑一个生产异质产品的行业，行业中拥有 N 个品牌，品牌数量 N 内生决定。我们仍用 q_i 表示 i 品牌产品的数量，p_i 表示 i 品牌产品的单价。

7.2.2 消费者

对于代表性消费者而言，其效用函数和预算约束如下所示：

（1）效用函数

$$u(q_1, q_2 \cdots) = \sum_{i=1}^{N} \sqrt{q_i} \tag{7-22}$$

注意，在该效用函数中，当任一产品数量趋于 0 时，带给消费者的边际效用都趋于无穷大，即 $\lim_{q \to 0} \frac{\partial u}{\partial q_i} = \lim_{q \to 0} \frac{1}{2} \frac{1}{\sqrt{q_i}} \to \infty$，这表示消费者喜欢购买多种产品。

（2）预算约束

$$\sum_{i=1}^{N} p_i q_i \leq I \tag{7-23}$$

其中，I 表示消费者的收入，是外生给定的。

7.2.3 市场均衡

在市场均衡时,以下条件应该得到满足:

第一,每个消费者视自己的收入与产品的价格为给定,并且在收入限制下寻求自身效用的最大化;

第二,给定对于品牌 i 所面临的市场需求,生产 i 品牌的企业追求自身利润最大化;

第三,企业自由进入,因而导致市场的零利润;

第四,生产所需的劳动力等于劳动力的供给,即 $\sum_{i=1}^{N}(F+cq_i)=L$。

满足以上条件的均衡品牌数量 N^{mc}、均衡价格 P_i^{mc} 以及均衡产量 q_i^{mc}($i=1,\cdots,N^{mc}$)被称为张伯伦垄断竞争均衡。

7.2.4 求解张伯伦垄断竞争均衡

首先,我们求解消费者的效用最大化问题。我们可以构造以下拉格朗日函数:

$$L(q_i,p_i,\lambda)=\sum_{i=1}^{N}\sqrt{q_i}+\lambda\left[I-\sum_{i=1}^{N}p_iq_i\right] \quad (7-24)$$

此时的一阶条件如下:

$$\frac{\partial L}{\partial q_i}=\frac{1}{2}\frac{1}{\sqrt{q_i}}-\lambda p_i=0, i=1,\cdots,N$$

$$\frac{\partial L}{\partial \lambda}=I-\sum_{i=1}^{N}p_iq_i=0$$

$$q_i=\frac{1}{4\lambda^2 p_i^2}$$

$$p_i=\frac{1}{2\lambda\sqrt{q_i}}$$

$$e_d=2 \quad (7-25)$$

接下来,我们求解生产者的利润最大化问题。根据垄断企业利润最大化的一阶条件"边际收益等于边际成本"(即 $MR=MC$),可知此时:

$$MR = P_i\left(1 - \frac{1}{e_d}\right) = P_i\left(1 - \frac{1}{2}\right) = \frac{P_i}{2}$$

$$MC = C$$

$$MR = MC \Rightarrow P_i^{mc} = 2C \tag{7-26}$$

由于市场是自由进入的,企业的利润恒等于 0。因此可以得知:

$$\pi_i(q_i^{mc}) = (P_i^m - C)q_i^{mc} - F = Cq_i^m - F = 0 \Rightarrow q_i^{mc} = \frac{F}{C} \tag{7-27}$$

最后,由劳动力的供需相等我们可知:

$$\sum_{i=1}^{N} TC_i = \sum_{i=1}^{N} (F + Cq_i) = L$$

$$\Rightarrow NF + CN\frac{F}{C} = L \Rightarrow N^{mc} = \frac{L}{2F} \tag{7-28}$$

综上所述,我们得到的张伯伦垄断均衡如下:

$$P_i^{mc} = 2C, \quad q_i^{mc} = \frac{F}{C}, \quad N^{mc} = \frac{L}{2F} \tag{7-29}$$

观察这一均衡解,我们可以得出怎样的结论呢?我们发现,在一个固定成本和边际成本都大于零的垄断竞争行业中,品牌数量(N)并非趋于无穷大,而是有限的;此外,在劳动力供给(L)既定的条件下,固定成本(F)越低,则整个行业可以生产的品牌数量(N)就越多。

7.3 区位模型

本节所讨论的模型中,由于企业所在的地理区位存在差别,因而消费者对这些企业出售的品牌具有不同的偏好(从这种意义上讲,消费者是异质的)。此外,本节所分析的是水平差别产品,即所分析的品牌对于消费者而言并不具有一致的效用排序。确切地说,水平差别的品牌是指这样一些品牌,当这些品牌按相同的价格出售时,这些差别由不同消费者对不同品牌选择而导出。而与之对应的垂直差别产品指的是那些由所有消费者一致的效用排序的品牌,我们暂不讨论(从质量角度谈产品差别)。

接下来,我们分别讨论区位模型的两种基本情况,即线形方法与环形方法。

7.3.1 线形方法

1. 市场供给与需求

Hotelling(1929)首次利用线形方法进行分析,因此这一模型也往往被称作"霍特林线形模型"。

我们假定市场上有两家企业 A 和 B 分别位于单位长度街道的两个端点。其中,企业 A 所在位置为 $x=0$,企业 B 所在位置为 $x=1$,如图 7-4 所示。

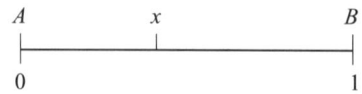

图 7-4 两家企业的霍特林线性模型

每个消费者选择一家企业购买一单位商品,单位交通费用为 τ,消费者剩余为 $\bar{S}$。对于位于 x 的消费者,若他从企业 A 购买商品,效用为 $\bar{S}-P_A-\tau x$,若他从企业 B 购买商品,效用为 $\bar{S}-P_B-\tau(1-x)$。现在让我们考虑以下三种情况:

第一,若两家企业的价格差别不超过单位交通成本:$P_B-P_A<\tau$,且企业 B 的价格不是过分高,则存在一个位于 $\tilde{x}$ 处的消费者,他从 A 购买和从 B 购买是无差别的。

$$P_A + \tau\tilde{x} = P_B + \tau(1-\tilde{x}) \Rightarrow \tilde{x}(P_A, P_B) = \frac{P_B - P_A + \tau}{2\tau} \tag{7-30}$$

令 N 表示消费者总人数,则两家企业面临的需求是

$$q_A = D_A(P_A, P_B) = N\tilde{x}, \quad q_B = N(1-\tilde{x}) \tag{7-31}$$

第二,若 $P_B-P_A \geq \tau$,即企业 B 的价格比企业 A 的价格加上最大交通成本高,则企业 B 无需求。若所有消费者到企业 A 购买的效用都大于不购买的效用,则企业 A 面临的需求为

$$D_A(P_A, P_B) = N, \quad P_A \leq \bar{S} - \tau \tag{7-32}$$

若此时消费者到企业 A 购买商品的效用比不购买的效用更低,则这部分消费者会选择不购买,即距离企业 A 太远的这部分需求没有被覆盖,则企业 A 面临的需求为

$$D_A(P_A, P_B) = N\frac{\bar{S} - P_A}{\tau}, \quad P_A > \bar{S} - \tau \tag{7-33}$$

第三,若 $P_A + P_B + \tau > 2\bar{S}$,则每家企业都有垄断市场的能力。

2. 固定区位下的价格竞争

如图 7-5 所示,假定消费者均匀分布在长度为 L 的线形街道上(每个点上都有一位消费者),消费者总数为 L。任一消费者可以表示为 $x \in [0, L]$,其含义为消费者 x 位于从原点起距离为 x 的点上。接下来我们进一步做出以下假定:

① A、B 两家企业出售的产品完全相同,且生产成本都为零,唯一差异在于区位不同。A 距原点的距离为 a,B 距点 L 的距离为 b;

② 每位消费者只消费一单位产品,消费者支付的单位距离交通成本为 τ;

③ 位于点 x 的消费者若到 A 购买需要支付的交通费为 $\tau|x-a|$,到 B 购买需要支付的交通费为 $\tau|x-(L-b)|$。

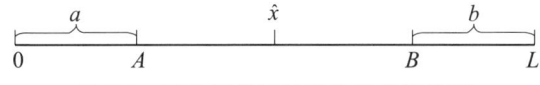

图 7-5 固定区位下的霍特林线性模型

此时,消费者从 A、B 购物的效用函数分别为

$$U_x = P_A + \tau|x-a|, \quad 若从 A 购买$$
$$U_x = P_B + \tau|x-(L-b)|, \quad 若从 B 购买 \tag{7-34}$$

令 $\hat{x}$ 为某一消费者,$a < \hat{x} < L-b$,他从 A 或 B 购物是无差别的,于是得到下式:

$$P_A + \tau(\hat{x}-a) = P_B + \tau(L-b-\hat{x}) \tag{7-35}$$

由此导出 A、B 两企业面临的需求:

$$q_A = \hat{x} = \frac{P_B - P_A}{2\tau} + \frac{L+a-b}{2}, \quad q_B = L - \hat{x} = \frac{P_A - P_B}{2\tau} + \frac{L+b-a}{2} \tag{7-36}$$

现在,我们求价格竞争的伯川德-纳什均衡,即 A、B 两企业把对方价格看作既定的,调整自己的定价,以使自身利润最大化:

$$\max_{P_A} \pi_A = p_A q_A = \frac{[P_B - P_A]P_A}{2\tau} + \frac{(L+a-b)P_A}{2} \tag{7-37}$$

$$\max_{P_B} \pi_B = p_B q_B = \frac{[P_A - P_B]P_B}{2\tau} + \frac{(L+b-a)P_B}{2} \tag{7-38}$$

此时,根据一阶条件可以得知:

$$\frac{\partial \pi_A}{\partial P_A} = \frac{P_B - 2P_A}{2\tau} + \frac{L+a-b}{2} = 0 \Rightarrow P_A = \frac{P_B + \tau(L+a-b)}{2} \quad (7\text{-}39)$$

$$\frac{\partial \pi_B}{\partial P_B} = 0 \Rightarrow P_B = \frac{P_A + \tau(L+b-a)}{2} \quad (7\text{-}40)$$

因此企业 A 和 B 的均衡价格为

$$P_A^h = \frac{\tau(3L-b+a)}{3}$$

$$P_B^h = \frac{\tau(3L+b-a)}{3} \quad (7\text{-}41)$$

企业 A 和 B 的均衡市场份额为

$$q_A = \hat{x}^h = \frac{3L-b+a}{6}$$

$$q_B = L - \hat{x}^h = \frac{3L+b-a}{6} \quad (7\text{-}42)$$

企业 A 和 B 的均衡利润为

$$\pi_A^h = P_A^h q_A = \frac{\tau(3L+a-b)^2}{18}$$

$$\pi_B^h = P_B q_B = \frac{\tau(3L+b-a)^2}{18} \quad (7\text{-}43)$$

根据上式可以发现，π_A 与 a 成正比，与 b 成反比；而 π_B 与 b 成正比，与 a 成反比。

3. 均衡解的存在与条件

线形城市的均衡存在需要一定条件，我们在接下来将对此给出两个论断：

第一，若两家企业位于同一点（$a+b=l$），则意味着产品同质。此时两家企业进行伯川德竞争，导致 $P_A = P_B = 0$ 是唯一的均衡。

第二，两家企业的距离不能相距太近，否则均衡将不复存在：

$$\left(L + \frac{a-b}{3}\right)^2 \geqslant \frac{4L(a+2b)}{3} \quad (7\text{-}44)$$

$$\left(L + \frac{b-a}{3}\right)^2 \geqslant \frac{4L(b+2a)}{3} \quad (7\text{-}45)$$

从直观上而言，当两企业相距太近时，很有可能出现两企业进行伯川德竞争导致的压价行为，从而无法达到均衡。

4. 位置与价格博弈

在以上的分析中,我们求解了给定企业位置时的均衡。接下来我们可能自然而然地提问,能否在这一模型中将企业的位置选择内生呢?

这一问题可以转化为企业位置与价格的二维博弈。但遗憾的是,该二维博弈无从求解。其原因在于,给定企业 B 的定位,企业 A 的利润函数关于 a 的偏导数恒为正,这意味着企业 A 只要向企业 B 移动就可以增加利润(这一点对于企业 B 来说也同样如此),那么可以设想最终的结果是两企业紧紧靠在中心。但是根据均衡存在的条件来看,企业之间的距离若太近,均衡也将不复存在。因此我们可以做出以下推论:在以上的线形城市中,同时进行价格和位置选择的博弈没有均衡。

5. 含有距离二次方项的交通成本

在以上的分析中,我们一直假设交通成本与距离之间具有线性关系。在接下来的部分中,我们引入含有距离二次方项的交通成本表达式(交通成本 $=\tau \times$ 距离^2)。我们会看到,引入该二次表达式后,企业同时选择价格和位置的情况下是存在均衡解的。

我们将企业对价格和位置的选择演变为一个二期博弈。在第一期,企业选择自己的位置,第二期则选择自己的价格。

为了求解这一均衡,我们运用逆向归纳法,从第二期开始求解。

第二期

在第二期求解的过程中,我们给定企业的位置参数(a 和 b),然后对其均衡价格进行推导。

假定某消费者从 A、B 两企业处购买商品得到的效用相同,即

$$P_A + \tau(x-a)^2 = P_B + \tau(L-x-b)^2 \tag{7-46}$$

该式可以进行如下化简,并求得企业 A、B 的价格决定函数

$$P_A + \tau(x-a)^2 = P_B + \tau(L-x-b)^2$$
$$\Rightarrow P_A + a^2\tau + x^2\tau - 2ax\tau = P_B + \tau(L^2 + x^2 + b^2 - 2Lx - 2Lb + 2xb)$$
$$\Rightarrow 2\tau x(L-a-b) = P_B - P_A + \tau(L^2 + b^2 - 2Lb - a^2)$$
$$\Rightarrow x = \frac{P_B - P_A}{2\tau(L-a-b)} + \frac{(L-b)^2 - a^2}{2(L-a-b)} = a + \frac{L-a-b}{2} + \frac{P_B - P_A}{2\tau(L-a-b)} \tag{7-47}$$
$$\Rightarrow q_A = x = a + \frac{L-a-b}{2} + \frac{P_B - P_A}{2\tau(L-a-b)}$$

$$\Rightarrow q_B = L - x = b + \frac{L-a-b}{2} + \frac{P_A - P_B}{2\tau(L-a-b)} \qquad (7\text{-}48)$$

此时,企业 A 和 B 的利润最大化问题可进行如下表示:

$$\max_{P_A} \pi_A(P_A, P_B) = P_A q_A = \left(a + \frac{L-a-b}{2} + \frac{P_B - P_A}{2\tau(L-a-b)}\right) P_A \qquad (7\text{-}49)$$

$$\max_{P_B} \pi_B(P_A, P_B) = P_B q_B = \left(b + \frac{L-a-b}{2} + \frac{P_A - P_B}{2\tau(L-a-b)}\right) P_B \qquad (7\text{-}50)$$

根据利润最大化的一阶条件我们可以推知:

$$P_A = a\tau(L-a-b) + \frac{\tau(L-a-b)^2 + P_B}{2} \qquad (7\text{-}51)$$

$$P_B = b\tau(L-a-b) + \frac{\tau(L-a-b)^2 + P_A}{2} \qquad (7\text{-}52)$$

给定企业 A 和 B 相同的情况下,它们的定价也必然相同,此时均衡价格为

$$\overline{P}_A = \tau(L-a-b)\left(L + \frac{a-b}{3}\right)$$

$$\overline{P}_B = \tau(L-a-b)\left(L + \frac{b-a}{3}\right) \qquad (7\text{-}53)$$

第一期

此时,我们可以用以上求得的均衡价格写出企业 A 和 B 的利润函数 π_A 与 π_B,并计算两组偏导数:$\frac{\partial \pi_A}{\partial a}$ 以及 $\frac{\partial \pi_B}{\partial b}$。在求解之后可以看出 $\frac{\partial \pi_A}{\partial a} < 0$,这意味着企业 A 的利润最大化要求它搬往城市的最左端。同样,也可以对企业 B 得出相应的结论,即应搬往城市的最右端。而这一区位选择比起此前的社会最优区位(两企业分别定位在 $x = L/4$ 和 $x = 3L/4$ 处)显然更加分散,因此我们可以这样概括:此时的市场竞争导致了过多的产品差异。

7.3.2 环形方法

环形方法也是对异质产品建模的一种方式。我们可以设想居民环绕着圆形湖边居住,而企业也会环绕着圆形湖边设厂,形成一个环状的城市。具体而言,我们假定城市为一单位圆,消费者均匀分布在单位圆周边,企业在单位圆周边任意设厂。

接下来我们将讨论环形方法中的均衡以及福利情况。

1. 企业

首先,我们假定存在一个垄断竞争市场,市场中的企业数目是内生决定的,且每个企业只生产一种品牌的产品,其数量表示为 q_i。假设市场中共计有 N 个企业,生产 N 种品牌。此外,我们还假定任意两个企业之间的距离相等(因此其间距离为 $1/N$),而且每个企业拥有相同的成本结构,由固定成本 F 和边际成本 c 构成。

由此我们可以写出代表性企业 i 的利润函数:

$$\pi_i(q_i) = \begin{cases} (P_i - c)q_i - F, & q_i > 0 \\ = 0, & q_i = 0 \end{cases} \tag{7-54}$$

2. 消费者

假定消费者均匀地分布在单位圆周边,且每个消费者购买一单位某品牌的商品。消费者的总支出由购买产品的费用和交通费用之和构成,而单位距离的交通费为 τ。因此,消费者的决策很简单,只需使得自身的总支出最小。

那么,消费者究竟前往哪家企业购买产品是最优的呢(换言之,每家企业所占的市场份额有多大呢)?我们通过一个简单的图形对此进行说明。图 7-6 中简单描述了企业 1 相对于企业 2 与企业 N 的位置(即位于二者之间)。我们假定企业 2 与企业 N 收取相同的价格(p),而企业 1 的定价为 p_1。

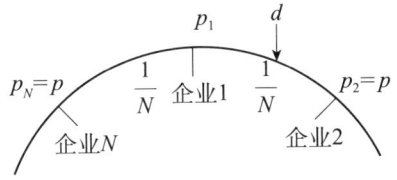

图 7-6　单位圆上各企业位置

此时,假设位于 d 处(即企业 1 右侧 d 单位距离)的消费者在企业 1 和 2 之间购买产品没有差异,则有

$$P_1 + \tau d = P + \tau\left(\frac{1}{N} - d\right) \Rightarrow d = \frac{P - P_1}{2\tau} + \frac{1}{2N} \tag{7-55}$$

由对称性(企业 1 左右两端都有顾客)可知,企业 1 所面临的总需求量是

$$q_1(P_1, P) = 2d = \frac{P - P_1}{\tau} + \frac{1}{N} \tag{7-56}$$

3. 均衡

接下来，我们对环形模型进行求解。我们认为环形模型的均衡解 $\{N^0, P^0, q^0\}$ 应满足两个条件：第一，每个企业 i 都是自身品牌的垄断者，它在给定其他企业价格 $P_j = P^0$ 的条件下，选择自身的定价 P_i 从而使得自己的利润最大化；第二，市场允许自由进入，因此导致各企业的均衡利润恒等于 0。

根据此前的假设，我们可以写出企业 i 的利润最大化问题：

$$\max_{P_i} \pi_i(P_i, P^0) = P_i q_i(P_i) - (F + c q_i(P_i))$$

$$= (P_i - c)\left(\frac{P^0 - P_i}{\tau} + \frac{1}{N}\right) - F \tag{7-57}$$

根据利润最大化的一阶条件，我们可以得知：

$$\frac{\partial \pi_i}{\partial P_i} = \left(\frac{P^0 - 2P_i + c}{\tau} + \frac{1}{N}\right) = 0 \tag{7-58}$$

由此可以解出企业 i 的最优定价为

$$P_i = \frac{P^0 + c}{2} + \frac{\tau}{2N} \tag{7-59}$$

由于假定各家企业都是完全相同的，因此我们可以求得均衡价格为

$$P_i = P^0 \Rightarrow P^0 = c + \frac{\tau}{N} \tag{7-60}$$

将这一价格代入利润函数中，由 $\pi_i = (P_i - c)\left(\dfrac{P^0 - P_i}{\tau} + \dfrac{1}{N}\right) - F$ 可以求得市场均衡时企业（或品牌）的数量：

$$\pi_i = \frac{\tau}{N^2} - F = 0 \Rightarrow N^0 = \sqrt{\frac{\tau}{F}} \tag{7-61}$$

因此我们也可以得到市场的均衡价格和企业均衡产量的最终表达式：

$$P^0 = c + \sqrt{\tau F}, \quad q^0 = \frac{1}{N} = \sqrt{\frac{F}{\tau}} \tag{7-62}$$

4. 福利状况

在求得环形模型的均衡解后，我们从社会成本角度探讨福利问题。首先，我们定义社会总成本包括两部分，其一是总交通成本（即消费者前往企业处购买时所花费的交通费用之和），其二是企业支付的总固定成本，即定义社会成本函数 $L(F, r, N) = TR(N) + NF$，其中 $TR(N)$ 为总交通成本，NF 为企业

的总固定成本。

根据此前的推导我们已经得知，代表性企业 i 实际上吸引了位于自己左右两侧 $\frac{1}{2N}$ 距离内的消费者群体，而这些消费者的交通费用加总为 $2\left(\int_0^{\frac{1}{2N}} \tau x \mathrm{d}x\right)$，因此 N 家企业所吸引的消费者群体花费的总交通费用即为

$$TR(N) = 2N\left(\int_0^{\frac{1}{2N}} \tau x \mathrm{d}x\right) = 2N\tau\left[\frac{x^2}{2}\right]\bigg|_0^{\frac{1}{2N}} = \frac{\tau}{4N} \qquad (7\text{-}63)$$

在此，我们主要关心的问题是品牌的数量，因此可以将社会成本函数最小化问题进行如下表述：

$$\min_N L = (F, \tau, N) = NF + \frac{\tau}{4N} \qquad (7\text{-}64)$$

此时，由一阶条件我们可以得知：

$$F + \frac{\tau}{4}\left(-\frac{1}{N^2}\right) = 0 \Rightarrow 4N^2 = \frac{\tau}{F} \Rightarrow N^* = \frac{1}{2}\sqrt{\frac{\tau}{F}} \qquad (7\text{-}65)$$

我们定义这里求得的 N^* 为"社会最优品牌数目"，它意味着使社会成本最小的品牌数目。与之前在"自由进入"条件下求得的品牌数目 N^0 相比，我们发现 $N^0 > N^*$，这意味着在自由进入的市场中会因为生产的品牌数目太多而造成社会成本的增加，减少自由进入市场中的品牌数量则有助于社会福利的提升。

7.4 总结

在本章中，我们对异质产品市场进行了探究。首先，我们对两家生产异质产品企业之间的产量和价格博弈进行了分析；此后，讨论了异质产品的垄断竞争模型；最后，我们通过线形和环形方法，对存在位置差异的异质产品模型进行了解析。

7.5 习题

1. 两家企业销售异质产品分别面对如下的需求函数：

$$q_1 = 15 - p_1 + 0.4p_2$$

$$q_2 = 15 - p_1 + 0.6p_2$$

（1）假设两家企业都进行价格竞争，且边际成本都恒等于 0，请推导两家企业的最优反应函数。

（2）在（1）的条件下，求解市场上的均衡价格以及企业的利润。

2. 大学路可用区间 $[0,1]$ 进行描述。供应同样食物的两个快餐馆位于该路的两端，餐馆 1 位于最左端，餐馆 2 位于最右端。消费者在区间 $[0,1]$ 上均匀分布，区间上的每一点都生活着一位消费者。每个消费者从价格加上交通成本最低的餐馆购买食物。在大学路上，风从右向左吹，因此走到右边的一个消费者的交通成本是单位距离 R 美元，走到左边的一个消费者的交通成本是单位距离 1 美元。

（1）设 p_i 表示在餐馆 i 中每顿饭的价格，其中 $i=1,2$。假设 p_1 和 p_2 是既定的，并且满足 $0 < p_1 - R < p_2 < 1 + p_1$。用 x 表示在餐馆 1 和餐馆 2 吃饭无差异的消费者的位置，计算作为 p_1 和 p_2 以及 x 的表达式。

（2）假如既定价格满足 $p_1 = p_2$，使位于 0.7 处的消费者去餐馆 1 吃饭的参数 R 的最小值为多少？

参考文献

Chamberlin, E. 1933. *The Theory of Monopolistic Competition*. Cambridge, Mass：Harvard University Press.

Dixit, A. and J. Stiglitz. 1977. "Monopolistic Competition and Optimal Product Diversity". *American Economic Review*, 67：297-308.

Hotelling, H. 1929. "The Stability in Competition". *Economic Journal*, 39：41-57.

第三篇

反竞争策略

第八章 进入阻止与掠夺性行为

在前面的章节,我们讨论了在不同市场结构下具有垄断地位的企业为了实现利润最大化而采取的策略性行为。不过我们似乎绕过了一个更基本的问题,那就是在一个提供同质化产品的行业中,垄断企业是如何产生的。一种情况是,随着市场规模的扩大,某个企业的生产经营活动相比于其他竞争对手更有效率,因此其自然能在市场中获得价格优势和垄断地位,我们把这种情况称为"**自然垄断**",例如前期需要大量固定投资的供水、供电行业。另外一种情况是,企业得到了政府授予的独家经营特权,法律法规形成了行业壁垒,例如涉及国家安全的军工、能源行业,我们把这种情况称作"**行政垄断**"。此外,企业也可能因为掌控了稀缺的原材料或技术而拥有垄断地位。在现实生活中,垄断企业是长期存在的,比如谷歌(Google)搜索引擎在2020年占据了全球市场的92.05%,其最大的竞争对手必应(Bing)的市场份额还不到谷歌的十分之一;创立于1998年的基因检测公司因美纳(Illumina)在过去十年收获了全球基因测试市场90%的份额;再比如拥有包括百威、科罗娜在内数十个子品牌的啤酒制造商百威英博(Anheuser-Busch InBev),长期占据全球啤酒市场份额的近三成,并控制了全球市场近一半的利润。

这些现实中有关垄断企业的例子似乎与标准经济学原理中的内容大相径庭。让我们回忆一下中级微观经济学课堂上学过的知识:若一个行业存在净利润,那么更多的企业会进入这个行业,直到行业的净利润减少为0,这意味着完全竞争市场的长期经济利润为0。然而现实中企业的进入(或退出)并不是时时刻刻发生的,比如在一个存在垄断利润的行业中,即使不存在类似"特许经营"的行业壁垒,在位企业也会想方设法来阻止新企业的进入,从而维持垄断利润。具有垄断地位的企业面临的挑战通常是两个方面的,一方面来自外来企业的进入,此时它会采取某种策略来阻止外来企业,我们把这样的策略称为**"进入阻止"**；另一方面当市场中已经存在其他企业时，问题转变为如何削弱其他在位企业甚至将其驱逐出市场，我们把与这种行为相关的策略称作**"掠夺性行为"**。这两种策略并不是完全无关的，一个成功把其他竞争对手驱逐出市场的策略有时候也能对外来企业产生足够的威慑，进而达到阻止其进入的目的。

在这一章，我们将讨论不同情况下在位的垄断企业的最优策略。由于在位企业拥有"先行一步"的优势，在位者与进入者之间的博弈不应该是静态的，而是一个作为领导者的在位企业首先行动，然后作为跟随者的外来企业后采取行动的动态模型。尽管跟随者在领先者采取行动后才行动，但是领先者必须把跟随者可能采取的行动考虑在内，以此为基础制定最优策略。此时在第六章中介绍过的斯塔克尔伯格双寡头模型将成为本章理论分析的基础，我们将在此模型的基础上进行拓展，探究不同条件下进入阻止和掠夺性行为是如何发生的。

8.1 完全信息下的进入阻止与掠夺性行为

8.1.1 限制产量的斯塔克尔伯格模型

首先，让我们简单回顾一下数量竞争时的斯塔克尔伯格模型。假定市场的反需求函数为 $p = a - b(q_1 + q_2)$；企业的成本函数为 $TC_i = cq_i$，即固定成本 $FC_i = 0$，边际成本为 c。给定企业 1 产出 q_1 的情况下，求解企业 2 的利润最大化问题：

$$\max_{q_2} \pi_2^s = [a - b(q_1 + q_2)]q_2 - cq_2 \tag{8-1}$$

由利润最大化的一阶条件可得：

$$\text{F.O.C} \Rightarrow a - bq_1 - 2bq_2 - c = 0 \Rightarrow q_2 = \frac{a-c}{2b} - \frac{q_1}{2} \tag{8-2}$$

然后我们将企业 2 的反应函数代入企业 1 的利润函数，考虑企业 1 的利润最大化问题：

$$\max_{q_1} \pi_1^s = \left[a - b\left(q_1 + \frac{a-c}{2b} - \frac{q_1}{2}\right)\right]q_1 - cq_1 \tag{8-3}$$

由利润最大化的一阶条件可得：

$$\text{F. O. C} \Rightarrow q_1^s = \frac{a-c}{2b} = \frac{3}{2}q_1^c > q_1^c \tag{8-4}$$

再代入企业2的反应函数可解出：

$$q_2^s = \frac{a-c}{4b} = \frac{3}{4}q_2^c < q_2^c \tag{8-5}$$

我们可以把斯塔克尔博格模型的均衡产量和价格与古诺模型做对比：

$$q^s = \frac{3(a-c)}{4b} > \frac{2(a-c)}{3b} = q^c \tag{8-6}$$

$$p^s = \frac{a+3c}{4} < \frac{a+2c}{3} = p^c \tag{8-7}$$

可以看到，序贯博弈达到均衡时的总产出水平高于同时行动博弈均衡时的总产出水平，但是均衡价格前者更低。再对企业利润进行对比，两类博弈均衡时企业1和企业2的利润分别为

$$\pi_1^s = (p-c)q_1 = \left(\frac{a+3c}{4} - c\right)\frac{a-c}{2b} = \frac{(a-c)^2}{8b} > \pi_1^c \tag{8-8}$$

$$\pi_2^s = (p-c)q_2 = \left(\frac{a+3c}{4} - c\right)\frac{a-c}{4b} = \frac{(a-c)^2}{16b} < \pi_2^c \tag{8-9}$$

在序贯博弈中，均衡条件下领导者的产量和利润均是跟随者的两倍，这体现了市场中领导者的先行优势。 但是跟随者的利润为正，这意味着外来企业仍然有进入市场的动机，那么我们如何利用上面的分析框架，讨论当存在（潜在）外来企业时在位企业的进入阻止策略呢？我们只需要对模型设定做一个简单的补充。

假设企业在进入市场时均会面临一个固定成本 $F(F>0)$，那么可以推导出跟随者的利润函数为

$$\pi_1^{s'} = \frac{(a-c-Q_1)^2}{4b} - F \tag{8-10}$$

此时领导者可以选择一个较大的产量水平 Q_1，使得跟随者的利润为0或者为负数，因此跟随者（或外来企业）没有动机进入市场。具体来说，当满足以下条件时，外来企业将无利可图：

$$q_1 \geqslant q_1^* = a - c - 2\sqrt{bF} \tag{8-11}$$

随着固定成本的增加，领导者阻止外来企业进入的产量阈值 Q_1^* 会越来越小，这意味着领导者阻止进入的行动会更容易，当固定成本足够大时

$\left(F > \dfrac{(a-c)^2}{16b}\right)$,即使领导者不对产量进行调整,外来企业进入也是无利可图的。这一推论可以用来部分解释现实中自然垄断行业的形成,当一个行业存在极高的进入成本时,外来企业可能会面临进入后长期无法盈利的局面,因此对于一家以利润最大化为目标的企业而言,进入市场的动机会被削弱。

但是从另一方向思考,如果固定成本足够小甚至接近于 0,此时领导者实施进入阻止策略后的市场价格 $p = c + 2\sqrt{bF}$ 会趋近于 c,此时领导者的利润会趋近于 0,说明领导者采取阻止进入策略反而不利于自身的利润最大化,此时的最优选择应当是允许外来企业进入,那么问题将回到斯塔克尔伯格双寡头模型。

8.1.2 限制生产能力的迪克西特模型

在 8.1.1 小节中,我们用固定成本的设定拓展了斯塔克尔伯格模型,阐明了当存在固定成本时领导者会如何调整产量来阻止外来企业的进入。需要特别注意的,在模型推导的过程中我们都是首先给定领导者的生产计划,然后在此条件下推导跟随者的反应函数,我们并没有对于领导者的生产计划进行任何约束。然而现实中企业的生产能力是受限的,短期内企业一般很难快速扩张其生产可能性边界。因此在本小节,我们会对领导者企业和跟随者企业的生产能力进行一定的约束,讨论在生产能力受限时进入阻止策略的实施条件。

最早在序贯博弈中对于生产能力进行限制的是斯宾塞模型。在斯宾塞模型中,在位企业在第一期积累生产能力,企业的成本函数表示为

$$c(q) = cq + rK + F \tag{8-12}$$

其中,r 代表资本服务的租赁成本,K 代表生产能力,c 表示除资本外的生产要素的单位可变成本,F 代表固定成本。生产能力与产量以相同的单位衡量。生产的约束条件为 $Q \leq K$。在生产能力范围之内,企业的单位成本是 c。斯宾塞认为在固定成本 F 很小的情况下,保留过剩的生产能力是不必要的。换句话说,只要不发生新企业的进入,现企业就不会动用多余的生产能力。但是,一旦面临进入威胁,现企业将使足全部生产能力,扩充产量,产品价格下降,使进入者无利可图。

在斯宾塞模型的基础上,迪克西特模型改变了短期内生产能力是刚性而

不可扩大的假定。虽然产量不能超过生产能力,但是生产能力可以被随意扩大。在斯宾塞模型中,进入决策取决于进入者在现有企业把产量扩大到生产能力水平时是否能获得利润。相反,在迪克西特模型中,进入决策取决于潜在进入者在双寡头竞争均衡中是否能够获得利润。企业短期进行数量而非价格竞争,长期可以积累生产能力。下面我们详细介绍迪克西特模型。

博弈由双寡头两期模型构成。在第 1 期在位企业 1 先行动,决定投资生产能力的数量 $\overline{K_1}$,假设增加单位生产能力的边际成本为 c_0;在第 2 期,企业 1 可以选择继续扩大生产能力直到 $K_1(K_1 \geq \overline{K_1})$,并以边际成本 c 进行生产。外来企业 2 在观察到企业 1 在第 1 期的行动后,再决定是否要进入该市场,假如企业 2 决定进入,那么两家企业将在第 2 期进行数量竞争。假设企业 1 和企业 2 面临的市场进入成本分别为 F_1 和 F_2。

我们先从企业 2 的角度展开分析。对于企业 2 来说,$K_2 = 0$ 说明企业 2 选择不进入;$K_2 > 0$ 表示企业 2 选择进入,并且为了不浪费生产能力,企业 2 会使产量 q_2 恰好等于其生产能力 K_2。对于企业 1 来说,当产量 $q_1 \leq \overline{K_1}$ 时,企业 1 面临的边际成本为 c;当产量 $\overline{K_1} < q_1 < K_1$ 时,企业 1 面临的边际成本为 $c_0 + c$。企业 2 面临的边际成本始终是 $c_0 + c$(见图 8-1)。

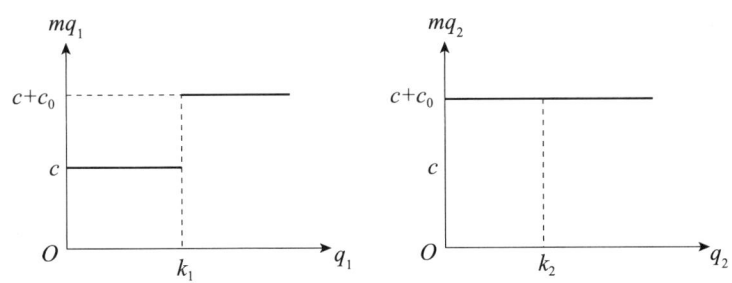

图 8-1 企业 1 和企业 2 的边际成本曲线

假设市场反需求函数是 $p = a - b(q_1 + q_2)$,假如在第 2 期企业 2 选择进入市场参与产量竞争,此时企业 1 的利润函数有两种形式:

当 $q_1 \leq \overline{K_1}$ 时,$\pi_1(q_1, q_2, \tilde{K}_1) = [a - b(q_1 + q_2)]q_1 - [cq_1 + c_0 \overline{K_1} + F_1]$;当 $q_1 > \overline{K_1}$ 时,$\pi_1(q_1, q_2, \tilde{K}_1) = [a - b(q_1 + q_2)]q_1 - [(c + c_0)q_1 + F_1]$。那么给定外来企业 2 的产量 q_2,利用一阶条件我们可以得到企业 1 的反应函数:

当 $q_1 \leq \overline{K_1}$ 时,

$$R_1(q_2) = q_1 = \frac{a-c}{2b} - \frac{q_2}{2} \tag{8-13}$$

当 $q_1 > \overline{K_1}$ 时,

$$R_1(q_2) = q_1 = \frac{a-c-c_0}{2b} - \frac{q_2}{2} \tag{8-14}$$

接下来我们再考虑外来企业 2 的利润最大化问题,跟随者企业 2 的利润函数为

$$\pi_2(q_1, q_2) = [a - b(q_1 + q_2)]q_2 - [(c + c_0)q_2 + F_2] \tag{8-15}$$

给定企业 1 的产量,利用一阶条件推导出企业 2 的反应函数为

$$R_2(q_1) = q_2 = \frac{a-c-c_0}{2b} - \frac{q_1}{2} \tag{8-16}$$

为了回答在位企业如何通过选取生产能力 K_1 来影响外来企业的进入与产量决策,接下来我们利用反应函数的图像来讨论均衡点的分布情况(见图 8-2)。反应函数表示的是企业在给定另外一家企业产量策略后的最优产量,因此两家企业反应函数的交点就是博弈的均衡点,同时由于生产能力的限制,反应函数的交点可能落在生产可行集合的外侧,因此我们需要对于交点的位置进行讨论。

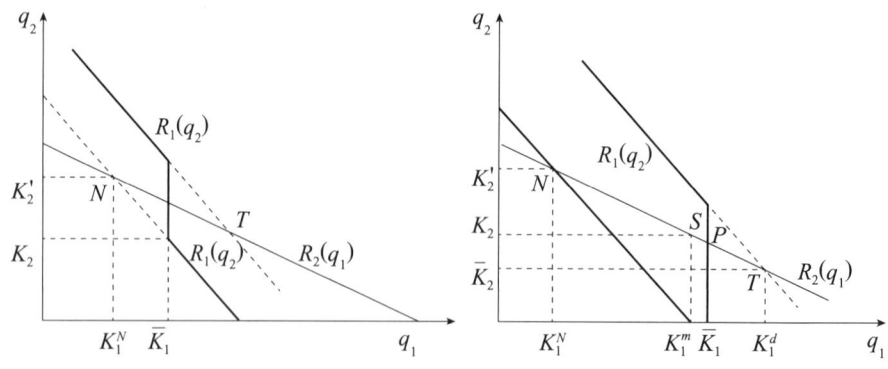

图 8-2　企业 1 和企业 2 的反应曲线(根据均衡点落点位置不同)

如果企业 2 选择进入,那么博弈的均衡点将落在 N 点与 T 点之间,均衡点的具体位置取决于在位企业 1 在第 1 期积累的生产能力。根据假设,企业 1 的生产能力最高是 K_1,最低是 $\overline{K_1}$。如果企业 1 在第 1 期积累的生产能力恰好没有过剩,即 $q_1 = \overline{K_1}$,那么均衡点落在 N 点,**两家企业都生产古诺均衡时的**

产量,此时企业 1 无法阻止企业 2 的进入。当企业 1 积累了过剩的生产能力,即 $q_1 \leq \overline{K_1}$ 时,**企业 1 能够生产斯塔克尔博格均衡领导者的产量水平**,此时该产量水平是跟随者企业 2 的 2 倍。这种产量水平是否可以阻止潜在进入者进入取决于企业 2 的进入成本。如果进入成本较高,使得企业 2 在产出低于 K_2' 时即亏损,那么企业 1 只需要积累稍稍高于 $\overline{K_1}$ 的水平。如果进入成本较低,使得企业 2 的产出水平在高于 K_2 时才会亏损,则企业 1 需要在第 1 期积累大于 K_1^m 的生产能力进而使得企业 2 退出市场。**特别地,当企业 2 进入成本足够低,例如等于 0 时,企业 1 无论采取何种产量都无法阻止企业 2 的进入**。但是如果进入成本不是 0,则企业 1 可以通过在第一期投资合适的生产能力,通过更低的边际成本优势来阻止企业 2 进入。

下面我们考虑几种比较有代表性的情况。如果外来企业 2 的收支平衡点位于 S 点的左侧,同时在位企业 1 在第 1 期投资的生产能力位于 K_1^m,那么企业 2 不会选择进入,此时企业 1 可以生产垄断产出水平 K_1^m。如果企业 2 的收支平衡点位于 S 点与 T 点之间,例如 P 点,那么进入可能被完全阻止,或者进入的规模受到限制,企业 1 可以选择生产 K_1^m 的产量而来实现斯塔克尔博格均衡领导者的产量和利润,或者选择 K_1^d(大于 K_1^m)的生产能力积累,达到阻止潜在进入者进入的目的。选择允许还是阻止进入,要具体比较这两种策略下的企业 1 的利润。若与垄断的产出水平相比 K_1^d 差距不大,则阻止进入是一个更有利的选择;若阻止进入的初始生产能力水平很高,则企业 1 会选择允许进入而不是阻止。如果企业 2 的收支平衡点位于 T 点的右侧,则企业 1 无法阻止其进入,企业 1 只有通过选择初始生产能力来限制企业 2 进入后的产量规模。

需要指出的是,当产出 Q_1 超过 K_1^m 时,企业 1 仍然可以选择通过扩大生产能力来阻止企业 2 进入,例如将生产能力扩大到 K_1^d,选择此策略对应的前提是阻止进入后的垄断利润大于容纳进入后的利润,即

$$(1 - K_1^d - c - c_0)K_1^d > \frac{(1-c-c_0)^2}{8} \quad (8\text{-}17)$$

上述条件可以进一步整理为

$$K_1^d < \left(\frac{1}{2} + \frac{1}{2\sqrt{2}}\right)(1 - c - c_0) \quad (8\text{-}18)$$

如果相对于垄断产量 $K_1^m = (1-c-c_0)/2$ 而言，K_1^d 不是太高，现有企业更可能选择阻止进入。不过当设置进入障碍所需要的生产能力上升时，现有企业也有可能选择限制企业 2 进入市场后的产量规模，而不是完全阻止其进入。

8.2 不完全信息下的进入阻止与掠夺性行为

在 8.1 节中，我们介绍了当存在进入成本和生产能力约束时，作为领导者的在位企业如何利用先行优势，通过控制产量以及投资生产能力来阻止外来企业的进入，或者限制甚至驱逐市场中的其他竞争者。我们分析的思路都是先假定其中一家企业的生产决策，再以此为条件通过求解优化问题得到另外一家的反应函数。我们的一个基本假设在于市场的需求结构以及两家企业的生产技术（比如成本函数）是共同知识，换句话说无论是在位者企业还是跟随者企业，它们对于对方企业的利润函数的信息是完全知晓的，双方具有完全且对称的信息。但是现实生活中企业的预算、支出往往是内部信息，不同企业对于市场需求和进入成本的了解程度也不尽相同，比如一家有意进入某行业的外来企业，在决定是否进入前常常需要请分析团队对于市场需求以及市场中的企业做一个详尽的调查，尽管如此，能获取到的信息也未必是完全的，市场中信息不对称的现象始终存在。在本节，我们将探讨存在不完全信息时在位企业与外来企业的理性决策，我们会重点关注不对称信息下企业是如何互动的，以及不对称信息在进入阻止和掠夺性行为中发挥的作用。

8.2.1 不确定性下的价格竞争模型

作为讨论的基础，首先我们考虑一个含有不确定性的静态模型，与伯川德模型的设定类似，模型由一个处于领导地位的在位企业 1 和一个处于跟随者地位的外来企业 2 组成，两者同时在市场中进行价格竞争。但是与伯川德模型不同的地方在于，两家企业的生产技术并不是完全信息，企业 2 的成本函数是共同知识，但是企业 1 的成本函数属于私人信息，对于企业 2 而言，企业 1 的成本函数是具有不确定性的，它认为企业 1 的边际成本 c_1 存在高低两个取值 c_1^H 和 c_1^L，取值概率如下：$P(c_1 = c_1^H) = \alpha$，$P(c_1 = c_1^L) = 1-\alpha$，其中

$c_1^L < c_1^H$。

对于企业 2 来说,企业 1 的期望边际成本为
$$c_1^e \equiv \alpha c_1^H + (1-\alpha) c_1^L \tag{8-19}$$

假设市场的逆需求函数为 $D(p_i, p_j) = a - bp_i + dp_j$。假定生产技术是不变规模报酬的,那么两家企业的利润函数为
$$\pi_i = (p_i - c_i)(a - bp_i + dp_j) \tag{8-20}$$

其中下标 i 表示企业 1 或企业 2。两家企业同时进行价格决策,假设博弈达到均衡时企业 2 定价为 $p_2 = p_2^*$,企业 1 定价取决于成本高低,当 $c_1 = c_1^H$ 时定价为 $p_1 = p_1^H$,当 $c_1 = c_1^L$ 时定价为 $p_1 = p_1^L$。通过求解企业 1 的利润最大化时的一阶条件,我们可以导出企业 1 的反应函数:
$$p_1 = \frac{a + dp_2^* + bc_1}{2b} \tag{8-21}$$

可以看到 p_1 是其成本 c_1 的增函数,说明企业面临的边际成本越高,在市场中给出的定价会越高。对于企业 2 而言,企业 1 的期望价格可以表示为
$$p_1^e = \alpha p_1^H + (1-\alpha) p_1^L = \frac{a + dp_2^* + bc_1^e}{2b} \tag{8-22}$$

带入企业 2 的期望利润函数,得到
$$E\pi_2 = \alpha(p_2 - c_2)(a - bp_2 + dp_1^H) + (1-\alpha)(p_2 - c_2)(a - bp_2 + dp_1^L)$$
$$= (p_2 - c_2)(a - bp_2 + dp_1^e)$$

求解期望利润最大化问题:
$$\frac{\partial E\pi_2}{\partial p_2} = 0 \Rightarrow p_2^* = \frac{a + dp_1^e + bc_2}{2b} \tag{8-23}$$

再联立已有关系式,我们可以推导出
$$p_2^* = \frac{2ab + 2b^2 c_2 + ad + bdc_1^e}{4b^2 - d^2} \tag{8-24}$$

同样我们也可以利用反应函数的图形来描述这一均衡价格。图 8-3 给出了企业 1 和企业 2 的反应函数构成的图形,图中分别用 R_1 和 R_2 表示企业 1 的成本有 C_1^H 和 C_1^L 两种可能($C_1^H > C_1^L$),我们用 R_2^e 表示企业 2 期望的反应函数。当企业 1 的成本变化时,R_2 的位置也随之发生改变。

从图 8-3 中可以看到,当成本增加时,企业 2 的反应函数曲线右移。在完全信息条件下,伯川德均衡视 c_1 是低还是高而分别在 B 点或 C 点达到。在

不对称信息条件下,企业 1 有一个位于两条反应曲线之间的平均反应曲线 R_1^e,价格 p_2^* 与 p_1^e 由企业 2 的反应曲线和企业 1 的平均反应曲线的交点 A 决定。p_2 是企业 1 期望成本的增函数,也就是 α 的增函数,当企业 1 是高成本的可能性增大时,企业 2 会选择一个更高的市场定价。

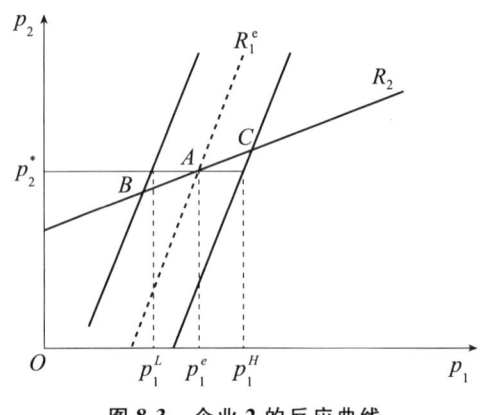

图 8-3 企业 2 的反应曲线

接下来我们会对模型进行拓展,把模型从静态拓展到两期的动态博弈,并且考虑限价策略对于均衡点分布的影响。限价的优点在于在位企业可以通过制定低价阻止潜在进入者的进入。但是也有观点认为限价策略只具有短时间的承诺价值,进入前的低价对于进入者构成的威胁不大,一旦进入者进入以后,以往的低价格策略在以后的博弈中不再起作用,相反生产能力的承诺比价格承诺更有作用,低价格有可能是生产能力积累的结果。但是现实生活中那些生产能力不具有承诺价值的产业,当现存企业面临进入威胁时,仍然会采取限价策略。尤其是在信息不对称的条件下更是这样,在信息不对称的条件下,企业把限制价格作为传递低成本的信号,以此阻止潜在进入者进入。

Milgrom and Roberts(1982)建立了一个不对称信息的限价模型。这一模型不仅用于分析现有企业的限价行动,也被用于分析企业之间掠夺性定价的价格战。由于不对称信息下的纳什均衡需要用到子博弈完美纳什均衡的概念以及贝叶斯方法的求解,这对于博弈论的初学者来说可能会十分困难,因此我们在这一问题中除已经介绍过的方法和推导外,其余部分会省略数学推导,以强调博弈背后的经济学逻辑为主。

假定市场中存在两家企业,一家是在位企业 I,另一家是潜在进入者 E。博弈总共有两期,在第 1 期企业 I 是一个完全垄断者,第 2 期外来企业 E 在观察了企业 I 在第 1 期的定价后再决定是否进入。如果第 2 期企业 E 选择进入,二者在第 2 期进行产量竞争;若企业 E 选择不进入,那么企业 I 在第 2 期仍是垄断者。每一期的市场逆需求函数为 $p = 9 - (q_I + q_E)$。

企业 E 的生产技术是共同知识,其成本函数由可变成本和进入成本(固定成本)组成,单位可变成本为 $c_E = 3$,进入成本为 $F_E = 3$。企业 I 的生产技术属于私人信息,企业 E 不清楚企业 I 的成本函数,但是它认为企业 I 的成本函数服从某一种概率分布,认为单位可变成本的概率分布为 $P(c_I = 3) = \rho$,$P(c_I = 1) = 1 - \rho$。

企业 E 知道企业 I 的成本概率分布,但是不知道企业 I 真实的成本,只能通过第 1 期企业 I 的定价来推测 I 的成本情况,从而形成信念 $P(c^H/P_I) = \mu(P_I)$。对于企业 I 来说,最大化的目标是两期利润的加总,为简单起见这里我们把总利润视为两期利润的直接加总(即不考虑贴现)。对于企业 E 来说,最大化目标是第 2 期的利润,只有它预期进入后的期望利润为正时才选择进入。

在第 1 期企业 I 是行业中唯一的垄断企业,利润最大化问题可表示为

$$\max_P \pi_1^m(p_I, c_I) = (p_I - c_I)(9 - p_I) \tag{8-25}$$

通过一阶条件可以导出

$$p_I^m = \frac{9 + c_I}{2} \tag{8-26}$$

那么当企业 I 的生产技术为高成本类型时,带入数值可以得到

$$p_I^H = 6, \quad q_I^H = 3, \quad \pi_I^H = 9$$

同理当企业 I 的生产技术为低成本类型时,可以计算出

$$p_I^L = 5, \quad q_I^L = 4, \quad \pi_I^L = 16$$

接下来我们讨论企业 E 的利润最大化问题。当企业 I 的生产技术为高成本类型时,如果企业 E 选择进入,企业 I 和企业 E 的利润函数分别为

$$\hat{\pi}_I^H(p, 3) = (9 - q_I - q_E)q_I - 3q_I \tag{8-27}$$

$$\hat{\pi}_E^H(p, 3) = (9 - q_I - q_E)q_E - 3q_E - 3 \tag{8-28}$$

通过利润最大化的一阶条件可解出

$$\hat{q}_I^H = 2, \quad \hat{q}_E^H = 2, \quad \hat{\pi}_I^H(5, 3) = 4, \quad \hat{\pi}_E^H(5, 3) = 1$$

当企业 I 的生产技术为低成本类型时，企业 I 和企业 E 的利润函数分别为

$$\hat{\pi}_I^L(c,1) = (9 - q_I - q_E)q - q_I \quad (8\text{-}29)$$

$$\hat{\pi}_E^L(p,1) = (9 - q_I - q_E)q_E - 3q_E - 3 \quad (8\text{-}30)$$

通过利润最大化的一阶条件可得

$$q_I^L = \frac{10}{3}, \quad q_E^L = \frac{4}{3}, \quad \hat{\pi}_I^L\left(\frac{13}{3},1\right) = \frac{100}{9}, \quad \hat{\pi}_E^L\left(\frac{13}{3},1\right) = -\frac{11}{9}$$

若第 2 期企业 E 不进入，在第 2 期企业 I 仍将获得垄断利润。下面把两家企业的利润情况用表 8-1 表示：

表 8-1　不同成本条件下企业 I 和企业 E 的利润分布

企业 I ＼ 企业 E	进入	不进入
$c_I^H = 3$	$\hat{\pi}_I^c(5,3) = 4 \quad \hat{\pi}_E^c(5,3) = 1$	$\pi_I^m = (6,3) = 9 \quad \pi_E = 0$
$c_I^L = 1$	$\hat{\pi}_I^c\left(\frac{13}{3},1\right) = \frac{100}{9}$ $\hat{\pi}_E^c\left(\frac{13}{3},1\right) = -\frac{11}{9}$	$\pi_I^m = (5,1) = 16 \quad \pi_E = 0$

按照上述表格，我们可以看到只有企业 I 面临高成本时，企业 E 选择进入才是有利可图的，而当企业 I 面临低成本时，企业 E 选择不进入才是最优选择。**因此企业 E 是否进入市场将取决于它的信念，即相信企业 I 在多大程度上属于高成本的企业**。但是同时我们要注意到，这一推断要求在位企业 I 在第 1 期真实地显示自己的成本信息，即在第 1 期的定价与成本函数完全匹配，但是**这也意味着它的定价策略会完全暴露自身的成本信息**，那么就有可能存在这样一种情况：当企业 I 面临高成本时，虽然在第 1 期通过选择一个较高的最优定价获得了垄断利润，但是在第 2 期由于企业 E 选择进入，导致双方发生价格竞争，使得自己在第 2 期以及两期的总利润下降。这种情况显然是企业 I 不愿意看到的，换句话说，企业 I 可能会在第 1 期选择一个不与真实成本函数匹配的定价来掩盖自身的真实情况，从而阻止企业 E 在第 2 期进入。从这个意义上来讲，企业 I 在第 1 期的定价策略需要权衡两方面的考虑，一方面是第 1 期可以获得的垄断利润，另一方面是第 2 期是否可以阻止企业 E 的进入，而这两方面可能是无法共存的，如果面临高成本函数的企业 I 选择

向外界传达出低成本类型,那么它就不得不在第 1 期选择一个更低的定价,牺牲第 1 期的垄断利润。

8.2.2　财务约束与掠夺性行为

我们已经讨论了在位企业如何通过生产能力扩张或者通过限价阻止潜在进入者进入的情况,而没有直接讨论掠夺性行为是如何发生的。掠夺性行为通常是指现有企业采取各种手段迫使进入者从行业中退出。这种使得进入者亏损而不得不退出的掠夺性行为也可以有效地防止新进入者进入,使掠夺者获得垄断地位。在本小节我们将分析在进入者面临财务约束的情况下,在位企业的掠夺性行为如何使得进入者无法获利进而被迫退出市场。

传统的理论在讨论掠夺行为时都是假定在进入者进入后原垄断企业会采取掠夺性压价行为,使得进入者亏损,从而从行业退出。进入者退出后,原垄断企业又可以实行垄断定价,获得垄断利润。**但是从动态博弈的角度看,这种分析的结果不一定是子博弈完美均衡**。假定进入者和原垄断企业进行的是两期博弈,并假定进入者和在位企业拥有相同的成本结构。一旦进入者进入后,原垄断企业的掠夺性行为并不符合自己的利润最大化行为。预期到进入后市场进行的是双寡头竞争,两个企业将均分双寡头利润。潜在进入者和垄断者都知道这一结果。预期到这一结果,进入者一定会进入,原企业为了减少损失只能容纳其进入。后来经济学家用财务约束理论解释了原垄断者掠夺性行为可以产生效力的原因。原垄断者比新进入者财力雄厚,有足够的财力持续到第二期。而进入者财力不及原垄断者,在第二期无法筹集到足够的资金经营,只得在第二期放弃经营。但是这一理论没有解释为什么进入者在第二期必然会遭遇财务困境。在现实中,进入者可以通过信贷市场或资本市场进行借贷或融资,从而放宽自身面临的财务约束,那么就可以均分寡头利润,再以利润偿还借款。

当存在不对称信息时,Bolton and Scharfstein(1990)证明了道德风险的存在使得原垄断者可以更好地利用雄厚的财力进行掠夺性行为,迫使进入者退出。其分析的思路是,进入者由于财力拮据,需要向放贷者借款,通过盈利偿还贷款。进入者盈利具有不确定性,如果盈利高,它可以归还全部借款,但是如果盈利低,那么它只能偿还部分借款,这样放贷者就无法收回全部借款。

进入者具体盈利多少属于私人信息,借款者不能确知。**这种情况下就会产生道德风险,即存在这样一种情况:进入者在盈利高时选择瞒报盈利,以达到只偿还部分借款而独自侵吞全部高盈利的目的。**原垄断者、放贷者都知道不对称信息存在道德风险。原垄断者会通过掠夺行为降低进入者盈利的概率,使得放贷者降低对进入者贷款的意愿,从而使得进入者无法获得贷款。考虑到进入后因为垄断者的掠夺行为使得借款经营而获利的概率降低,进入者可能开始就不会进入。接下来我们对该模型进行简单描述。

假定进入者和原垄断者进行的是两期博弈。第二期结束时博弈结束。进入者进入需要向放贷者借入每一期 E 数额的贷款来经营。进入者盈利低的概率是 θ,盈利高的概率是 $1-\theta$。低盈利和高盈利分别表示为 π_L^E 和 π_H^E。假设

$$\pi_L^E < E < \pi_H^E \tag{8-31}$$

$$\overline{\pi}^E = \theta \pi_L^E + (1-\theta) \pi_H^E > E \tag{8-32}$$

其中 $\overline{\pi}^E$ 是进入者的期望盈利额。进入者知道自己的真实盈利情况,放贷者只知道其盈利状况的概率分布。由于信息不对称,为了避免借款者谎报盈利信息而使自己受损,放贷者会考虑与借款者订立一份视借款者一期还款情况而定是否继续发放二期贷款的合约。如果一期借款者报告了高盈利,放贷者会要求得到 R_H^E 数额,二期再以 β 的可能性发放贷款。如果借款者一期报告了低盈利,则放贷者停止向借款者发放二期贷款。对于放贷者而言,两期合约的价值是

$$V = -E + \theta \pi_L^E + (1-\theta)[R_H^E + \beta(\pi_L^E - E)] \tag{8-33}$$

要使借款者愿意同放贷者签订这样的合约需要满足两个约束条件,即**参与约束**和**激励相容约束**,分别表示如下:

$$(1-\theta)[\pi_H^E - R_H^E + \beta(\overline{\pi}^E - \pi_L^E)] \geq 0 \tag{8-34}$$

$$\pi_H^E - R_H^E + \beta(\overline{\pi}^E - \pi_L^E) \geq \pi_H^E - \pi_L^E \tag{8-35}$$

激励相容约束的左端是一期借款者如实报告高盈利情况并向放贷者支付 R_H^E 数额后两期的利润加总。右端是他将一期的高盈利谎报为低盈利而获得的利润。激励相容约束是紧约束,我们可以让等式成立,因此激励相容约束可以改写成如下形式:

$$R_H^E = \pi_L^E + \beta(\overline{\pi}^E - \pi_L^E) \tag{8-36}$$

将激励相容约束代入放贷者的目标函数,则放贷者的目标函数为

$$V = -E + \pi_L^E + (1-\theta)\beta(\overline{\pi}^E - E), \quad 0 \leq \beta \leq 1 \tag{8-37}$$

由于$(1-\theta)$和$(\overline{\pi}^E - E)$给定,并且为正值,因此,使得放贷者目标函数达到最大值的β是角点解$\beta=1$。由激励相容约束,$R_H^E = \overline{\pi}^E$。因此,如果借款者真实报告第1期高盈利情况并向放贷者支付$\overline{\pi}^E$的数额,放贷者会确定给借款者发放第二期贷款。可以证明,借款者会有一个正的期望收入。

现在看看原有垄断者会如何行动。由于放贷者二期继续贷款的条件是借款者一期有高盈利。如果一期是低盈利,放贷者将停止发放贷款。在不采取掠夺性行为的条件下,放贷者继续发放二期贷款的概率是β,进入者一期盈利为π_L^E的概率是θ,因此原有企业在二期成为垄断者的概率是$(1-\beta)+\theta\beta$。因为若进入者一期盈利低,放贷者二期就停止贷款,因此垄断者有激励采取掠夺性行为,降低进入者一期的盈利概率,使进入者难以或者无法获得贷款以维持自己的垄断地位。假定原垄断者花费c的成本使进入者在一期获得低盈利的概率由θ提高到$\theta+\delta$,这会使得进入者在二期退出市场而原有企业成为垄断者的概率提高到$(1-\beta)+(\theta+\delta)\beta$。如果原有企业的掠夺行为能够满足下列条件,他就会不惜花费c的代价采取掠夺行为:

$$\delta\beta(\pi_I^M - \pi_I^d) > c \tag{8-38}$$

其中,π_I^M是原有企业作为垄断者的利润,π_I^d是原有企业作为双寡头之一获得的利润。由该不等式可以看出,通过降低β值可以降低掠夺的可能性。原企业正是要通过掠夺行为降低进入者获得贷款的可能性。在极端的情况下$\beta=0$,不管进入者一期盈利情况如何,他都无法获得贷款。降低β值会降低掠夺的可能性,但是也降低了贷款合同给放贷者带来的价值。

一种观点认为用掠夺行为对付弱小的进入者并不是财务实力强大的企业的最优选择。**最好的办法是采取并购的办法把进入者收归己有**,这样对于原有企业更有利,但是并购可能会招致反垄断调查。

此外,**卖者与买者之间签订长期的合约也可能成为阻止进入的手段**。现有企业会通过在合约中约定给遵守合约者低价提供产品以及对违反合约购买竞争对手产品的消费者采取收取违约金的方式使其难以转换卖主,使进入者难以进入市场。卖者与买者之间的这种合约可能会使得买卖双方都得到好处,但是却弥补不了潜在进入者的损失,因此社会净福利减少。这一研究

结论对芝加哥学派关于买卖双方自愿签订的合约会增进社会福利的观点是一种挑战。

8.3 总结

在本章,我们讨论了为什么现实中的许多行业并不是完全竞争的市场结构,垄断企业常常是长期存在的。通过序贯博弈模型,我们分析了在位的垄断企业是如何维持其垄断地位的。一方面,面对外来的潜在进入者,在位企业会采取"进入阻止"的策略来阻止其进入;另一方面,为了削弱甚至驱逐市场中已经存在的其他竞争者,在位企业会采取"掠夺性行为"。那么在位企业是如何利用其先行优势来削弱其他(潜在)竞争者呢?我们可以从固定成本、生产能力、不完全信息下的限价竞争、财务约束以及长期合约的角度进行分析。总体来说,在位企业的最优决策取决于市场环境和双方生产条件的限制,有时候在位企业可以以较低的成本阻止外来企业进入进而维护垄断利润,但是当阻止进入的成本过高时允许外来企业进入不失为一个更好的选择。对于本章的学习需要灵活运用序贯模型(特别是斯塔克尔伯格模型)的推导和计算,针对不同约束条件,还可以利用反应函数的图形帮助我们分析博弈的均衡解。

8.4 习题

1. 考虑一个生产产品 x 的垄断行业,行业中只有一家垄断企业1,假设市场需求曲线是线性的,当 x 单价为1000元时,销售量为25000;当 x 单价为600元时,销售量为30000。假设企业1的最大生产能力为25000。回答下列问题:

(1)计算市场需求曲线的表达式。

(2)假设一个潜在的进入者企业2能够通过投资1000万元获得一半的市场份额,该企业是否会选择进入?

(3)假设企业1能够通过再投资500万元把生产能力扩大到40000,企业1是否会选择投资?该策略能否阻止企业2进入?

2. 考虑一个包含在位者和进入者的两期博弈模型。在位企业 1 在第 1 期进行生产力和产量决策,企业 2 在观察到企业 1 在第 1 期的行为后决定在第 2 期是否要进入市场。如果选择进入,双方进行产量竞争,此时市场的逆需求函数为 $p=100-x-2(Q_1+Q_2)$,其中 Q_1 表示在位企业 1 的产量,Q_2 表示进入企业 2 的产量,设单位劳动成本 $\omega=20$,单位资本成本为 $r=20$。同时企业 1 和企业 2 的固定成本均为 $F_1=F_2=100$。回答下列问题:

(1)假设在第 1 期企业 1 投入资本 $\overline{K}_1$,求企业 1 和企业 2 的最优反应函数。

(2)判断当 $\overline{K}_1=15$ 时企业 2 是否会选择进入。如果进入,计算出两家企业的均衡产量和利润。

(3)判断当 $\overline{K}_1=16$ 时企业 2 是否会选择进入。如果进入,计算出两家企业的均衡产量和利润,并分析两种情况存在差异的原因。

参考文献

Bolton, P. and D. S. Scharfstein. "A Theory of Predation Based on Agency Problem in Financial Contracting". *American Economic Review*, 80(March): 93-106.

Milgrom, P. and J. Roberts. 1982. "Predation, Reputation, and Entry Deterrence". *Journal of Economic Theory*, 27(November):280-312.

第九章 企业的兼并与纵向控制

在上一章,我们讨论了垄断行业和垄断企业能够长期存在的原因,并着重分析了具有垄断地位的在位企业会如何应对外来企业的挑战。但是,现实中垄断企业与外来企业并不总是互相竞争的关系,我们不妨想象这样一种情形:如果把博弈的次数不断增加,并且允许在位企业与外来企业进行数量和价格合谋,那么可以预见的是,对于垄断企业来说,与其压低价格阻止外来企业进入,或者迫使其他在位企业离开,从长期来看合谋不失为一个共赢的选择。事实上,市场上类似卡特尔组织的合谋行为并不少见,例如成立于1960年的石油输出国组织(OPEC,简称"欧佩克"),这一组织在过去数十年的时间里长期占据超过30%的市场份额,通过实施生产配额制协调各组织成员的石油产量,进而影响市场供给并提高价格。但是,合谋往往并不稳固,例如欧佩克的成员国有很强的动机偷偷提高本国产量从而获取更高的利润,并且这一行为通常很难被察觉到。因此,如何建立互相信任的合谋关系对于企业而言是一个颇具吸引力的问题,企业兼并的现象随之产生。

兼并指所有权的合并,企业的兼并属于企业一体化的范畴。兼并可以大体划分为三类:"**水平兼并**",也叫横向兼并,是指同一产业内生产相同或相近产品并且在相同地区市场营销产品的企业的兼并;"**垂直兼并**",也叫纵向兼并,是指具有上下游产品间联系的企业的兼并;"**混合兼并**",是指生产的产品不太相关的企业间的兼并。水平兼并属于横向一体化,垂直兼并属于纵向一体化,混合兼并属于混合一体化,或者叫多元化。一体化企业的结果是企业控制的范围扩大了。除了通过一体化提高企业控制的范围外,企业也可以通过其他方式扩大企业控制范围,其中"**纵向控制**"就是重要的一种。

一般而言,企业的兼并可能出于以下几种原因:一方面企业可以通过兼并扩大市场占有率,获得更大的定价权和垄断利润;另一方面企业整体规模的扩大有助于实现规模经济,降低平均成本,同时通过兼并上下游企业可以减少内部的效率损失,此外也有研究发现企业的管理人员也会出于自身利益或权力的考虑而推进企业扩张。本章不仅会讨论不同类型的兼并方案对于企业的影响,也会着重分析不同兼并类型的优缺点。

9.1 水平兼并

9.1.1 兼并悖论

在一个只有两家企业的行业中,兼并的一个突出优势在于能够通过形成唯一的垄断企业而把两家企业的竞争行为转变为对双方均有利的合作。但是随着市场中企业数量的增加,我们在下文中可以看到,并购对于企业来说可能反而是一项出力不讨好的选择,只有当参与兼并的企业足够多时兼并才具有足够的竞争力。接下来我们用一个简单的模型加以说明。

考虑一个由 N 个寡头企业组成的同质化产品市场,企业之间同时进行古诺数量竞争。假设市场需求函数为 $p(q)=1-q$,其中 $q=\sum_{i=1}^{N}q_i$ 表示市场总供给。假设企业的平均成本是常数,为了计算方便这里标准化为零。假定企业是对称的,如果不发生企业兼并,我们容易得到当处于古诺均衡时这 N 个企业的产出分别是

$$q_i = \frac{1}{N+1} \tag{9-1}$$

市场均衡价格

$$p(N) = \frac{1}{N+1} \tag{9-2}$$

单个企业利润为

$$\pi_i(N) = \frac{1}{(N+1)^2} \tag{9-3}$$

显然,$\pi_i(N)$ 随着 N 的增加而递减。总利润 $\pi(N)=N\pi_i(N)$ 和均衡价格也随着 N 的增加而递减。说明在一个由 N 个企业组成、满足线性需求和不变平均成本条件的古诺寡头竞争行业中,假定 $M+1(M+1<N)$ 个企业参与了兼并,那么只有当至少80%以上的企业参与兼并时,兼并才是有利可图的。

如何证明上述命题呢？不妨假定 N 个企业中有 $M+1$ 个企业实行了兼并，导致市场上一下减少了 M 个企业。兼并使企业数目从 N 减少到 $N-M$。因此，兼并企业的总利润是 $\pi_m(N-M)$，若该 $M+1$ 个企业不实行兼并，其利润为 $(M+1)\pi_i(N)$，因此兼并的净收益 $g(N,M)$ 为

$$g(N,M) = \pi_m(N-M) - (M+1)\pi_i(N)$$

$$= \frac{1}{(N-M+1)^2} - \frac{M+1}{(N+1)^2} \tag{9-4}$$

通过求导可以发现上述函数是凸函数，并且在 $M=0$ 时是单调递减的，满足

$$\left.\frac{\partial g}{\partial M}\right|_{M=0} = \frac{1-N}{(N+1)^3} < 0 \tag{9-5}$$

$$\frac{\partial^2 g}{\partial M^2} = \frac{6}{(N-M+1)^4} > 0 \tag{9-6}$$

我们可以用图形来描述这一特征。图 9-1 给出了兼并净收益函数 g 关于参与兼并的企业数量 M 的图形。图中显示只有当参与兼并的企业数量超过某一数值（图中用 M^* 表示）时，兼并的净收益才是正数。那么究竟多少个企业参与兼并时才是有利可图的呢？我们不妨考虑两种特殊情况。$g(N,0)=0$，这种情况下没有企业参与兼并；$g(N,N-1)>0$，这种情况下所有的企业都参与了兼并，企业可获得垄断利润。介于这两个极端情况之间，我们需要确定一个临界值，M^* 也可以理解为兼并的收支平衡点。为了计算出使兼并达到收支平衡的参与兼并的企业数目，假设使兼并达到收支平衡的企业数目与企业的总数目的比值 $\alpha(N)$ 为兼并收支平衡率：

$$\alpha(N) = \frac{M^*(N)+1}{N} \tag{9-7}$$

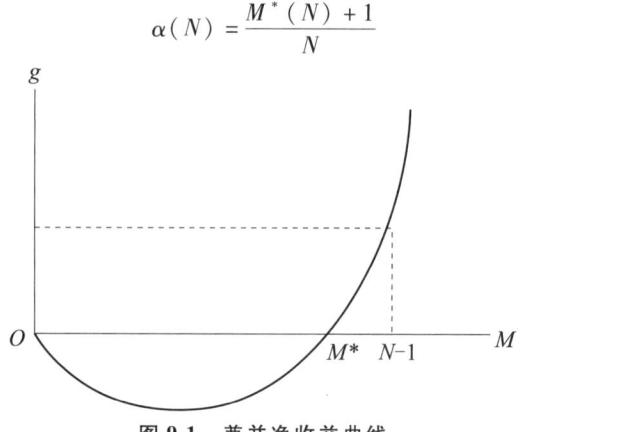

图 9-1　兼并净收益曲线

将 $\alpha(N)$ 代入上式化简得到方程

$$\frac{1}{(N-\alpha N+2)^2} - \frac{\alpha N}{(N+1)^2} = 0 \tag{9-8}$$

进而可以解出 α,得到 α 的三个根:

$$\alpha_1 = \frac{1}{N}, \quad \alpha_2 = \frac{2N+3-\sqrt{4N+5}}{2N}, \quad \alpha_3 = \frac{2N+3+\sqrt{4N+5}}{2N}$$

其中,第一个根对应没有企业参与兼并的情况,第三个根大于1,因此都应该舍去,只有第二个根是有意义的。就 α_2 对 N 求一阶与二阶导数,可以发现 α_2 在 $N=5$ 时达到最小,且 $\alpha_2(5) = 0.8$。根据这一结果,我们得到了一个似乎有悖于人们的直观感受的结论:就古诺寡头的特征而言,兼并一定会使行业的总利润增加,因为**兼并会使企业数目减少,企业产出减少,价格提高**,从而**使利润增加,但是行业所增加的利润并非一定由参与兼并的企业获得**。因为兼并有可能会带来不参与兼并企业的搭便车行为,不参与兼并的企业会趁兼并企业产量减少的机会增加自己的产量,除非参与兼并的企业足够多。

9.1.2 水平兼并与成本节约

在上一小节中,我们讨论了水平兼并对于企业何时是有利可图的,其中价格和数量变化的相对大小是影响兼并净收益的核心。从另一个维度来看,水平兼并对于企业的成本也会产生影响。一方面当市场中存在固定成本时,兼并直接减少了市场中企业的数量,从而降低了总体的固定成本。另一方面如果企业的生产技术存在异质性,当一个低成本企业兼并高成本企业时,可变成本也会得到降低,市场的均衡价格也可能随之下降,对于企业、消费者和社会福利来说均有利。

假定市场中有两家企业,它们面临的边际成本分别为 $c_1 = 1$ 和 $c_2 = 4$。两家企业在市场中同时进行数量竞争,假设市场需求函数为 $p = 10 - q$,那么通过求解企业利润最大化,利用一阶条件可以得到古诺均衡条件:

$$q_1^c = \frac{a - 2c_1 + c_2}{3b}, \quad q_2^c = \frac{a - 2c_2 + c_1}{3b}, \quad p^c = \frac{a + c_1 + c_2}{3}$$

对上述方程联立求解,我们可以得到均衡时两家企业的均衡数量和利润:

$$q_1^c = 4, \quad q_2^c = 1, \quad \pi_1^c = 16, \quad \pi_2^c = 1, \quad p^c = 5$$

以及消费者剩余

$$CS^c = \frac{(a-p)^2}{2} = \frac{25}{2}$$

倘若我们允许两企业兼并,企业成为多工厂企业,兼并后的企业将关闭企业2,此时两家企业的总利润函数为

$$\pi = pq - cq = (10-q)q - q \tag{9-9}$$

通过利润最大化的一阶条件可解得

$$q^m = 4.5, \quad p = 5.5, \quad \pi^m = \frac{81}{4}, \quad CS^m = \frac{81}{8}$$

$$W^m = \frac{243}{8} = 30.375 > W^c = 29.5$$

计算出兼并后的集中度(集中度的定义和公式具体可参考第四章)

$$I_{HH}^c = (80\%)^2 + (20\%)^2 = 0.68 < 1 = (100\%)^2 = I_{HH}^m$$

从以上结果我们可以看到,**在一定条件下水平兼并可能会改善社会福利**,原因是生产成本较低的企业在兼并后代替了生产成本更高的企业,带来了平均成本以及市场价格的下降,从而同时提高了企业利润以及消费者福利。需要说明的是,水平兼并改善社会福利的结论需要在古诺市场结构中才成立,在伯川德市场结构中则不会有此结果,因为高成本企业将被淘汰进而无法出现兼并的现象。

9.1.3 水平兼并与先行优势

如果我们把水平兼并与动态博弈联系起来,我们可以从另外一个角度对水平兼并的产生进行解释。假设市场中的两家企业发生了水平兼并,形成了一家具有先行优势的领导者企业。考虑到兼并后企业市场规模的提高,这一现象在现实中并不少见。设市场需求函数为 $p = a - bq$,若行业中有 $N+1$ 家企业,它们拥有相同的边际成本 c。根据标准的古诺模型,兼并发生之前市场均衡为

$$q_i = \frac{a-c}{b(N+2)}, \quad q = \frac{(N+1)(a-c)}{b(N+2)}, \quad p = \frac{a+(N+1)c}{N+2}, \quad \pi_i = \frac{(a-c)^2}{b(N+2)^2}$$

现在假设在这 $N+1$ 家企业中有两家企业发生了兼并,兼并之后成为产量博弈的斯塔克尔博格领导者,兼并后的市场中共有 N 个企业,即一个领导者和 $F = N-1$ 个跟随者。博弈变成两期博弈,第1期领导者先选择产量,第

2 期跟随者们在观察到领导者的决策后再决定产量。与求解斯塔克尔伯格模型的思路一样,我们先假定领导者的产量,求解任一跟随者企业的利润最大化问题,具有代表性的跟随者企业 f 的利润函数可以表示为

$$\pi_f = (a - b(q_L + q_{F-f} + q_f) - c)q_f \tag{9-10}$$

其中下标 $F-f$ 表示除了企业 f 自身以外的其他跟随者企业。根据一阶条件可得

$$q_f = \frac{a-c}{2b} - \frac{q_L + q_{F-f}}{2} \tag{9-11}$$

假定所有跟随者企业都是对称的,而且所有跟随者企业产量相等,跟随者企业中除 f 之外,还有 $N-2$ 家跟随者企业,因此,$q_{F-f} = (N-2)q_f$,带入一阶条件可导出

$$q_f = \frac{a-c}{bN} - \frac{q_L}{N} \tag{9-12}$$

$$q_F = (N-1)q_f = \frac{(N-1)(a-c)}{bN} - \frac{(N-1)q_L}{N} \tag{9-13}$$

领导者的利润函数为

$$\pi_L = (a - b(q_L + q_F) - c)q_L \tag{9-14}$$

将跟随者的反应函数带入化简后有

$$\pi_L = \frac{q_L(a - bq_L - c)}{N} \tag{9-15}$$

将(9-14)与一阶条件(9-11)(9-12)联立,可解得以下均衡结果:

$$q_L = \frac{a-c}{2b}, \quad q_f = \frac{a-c}{2bN}, \quad q_F = \frac{(N-1)(a-c)}{2bN}, \quad p = \frac{a + (2N-1)c}{2N}$$

$$q = \frac{(2N-1)(a-c)}{2bN}$$

其中 q 表示市场供给总和。进一步地,领导者的利润和每一家跟随者的利润为

$$\pi_L = \frac{(a-c)^2}{4bN}, \quad \pi_f = \frac{(a-c)^2}{4bN^2}$$

比较并购前后的结果,我们可以发现,对于任何并购前拥有 3 家或更多家企业并且具有对称古诺均衡特征的行业而言,任意两家企业并购后充当斯塔克尔博格领导者企业的利润会增加,**并购对于领导者企业是有利的**。这一

结果有助于解决并购悖论。另一方面,均衡价格降低了,说明并购对消费者也是有利的。

不过这一结论是否具有一般性呢?由于我们只讨论了其中两家企业进行并购,如果有多家企业并购,结果会如何?下面我们来讨论这个问题。

假定市场中共有 N 家企业,其中包括 L 家领导企业和 $F=N-L$ 家跟随者企业。由于每一家跟随者企业都根据所有领导者企业的总产量 q_L 来做决策,而不考虑这个总产量由哪一家领导者企业生产的,因此,仍旧可以套用单个跟随者企业的反应函数,所不同的是只有 $N-L$ 家跟随者企业,因此,将 $q_{F-f}=(N-L-1)q_f$ 代入反应函数可以得到

$$q_f = \frac{a-c}{b(N-L+1)} - \frac{q_L}{N-L+1} \tag{9-16}$$

$$q_F = \frac{(N-L)(a-c)}{b(N-L+1)} - \frac{(N-1)q_L}{N-L+1} \tag{9-17}$$

$$\pi_l = \frac{a-c-b(q_{L-l}+q_l)}{N-L+1} q_l \tag{9-18}$$

其中下标 f 代表任意一家跟随者企业,下标 l 代表任意一家领导者企业,求解利润最大化问题,由一阶条件可得

$$\frac{d\pi_l}{dq_l} = \frac{a-c-bq_{L-l}}{N-L+1} - \frac{2bq_l}{N-L+1} = 0 \tag{9-19}$$

解得

$$q_l = \frac{a-c}{2b} - \frac{q_{L-l}}{2} \tag{9-20}$$

由于企业的对称性,除 l 之外,$L-1$ 个领导者企业的产量为 $q_{L-l}=(L-1)q_l$,与均衡产量联立后可解出

$$q_l = \frac{a-c}{b(L+1)}, \quad q_L = \frac{L(a-c)}{b(L+1)}$$

我们还可以得到单个跟随者产量与全部跟随者的总产量:

$$q_f = \frac{(a-c)}{b(L+1)(N-L+1)}, \quad q_F = \frac{(N-L)(a-c)}{b(L+1)(N-L+1)}$$

均衡时市场总供给和均衡价格为

$$q = q_L + q_F = \frac{(a-c)(N+NL-L^2)}{b(L+1)(N-L+1)}, \quad p = \frac{a+c(N+NL-L^2)}{(L+1)(N-L+1)}$$

单个领导者的利润为

$$\pi_l = (p-c)q_l = \frac{a-c}{(L+1)(N-L+1)} \frac{a-c}{b(L+1)}$$
$$= \frac{(a-c)^2}{b(N-L+1)(L+1)^2} \qquad (9\text{-}21)$$

通过比较可以发现，领导者的产量高于跟随者的产量。我们更关心的问题是，两家企业兼并成为领导者企业后，它们各自的利润是否会增加。从上述推导中可以看到，通常并购会产生两种相反的力量：一方面企业总数减少会增加每个企业的利润，但是另一方面更多的领导者企业又会使领导者企业的利润减少。利用以上解出领导者和跟随者的利润表达式来看并购前后企业的利润变化情况。若增加一起新的并购，领导者数目由 L 变为 $L+1$，企业总数由 N 变为 $N-1$。利润表达式为

$$\pi_l(N-1, L+1) = \frac{(a-c)^2}{b(N-L)(L+2)^2} \qquad (9\text{-}22)$$

若要满足兼并后的利润增加，即

$$\pi_l(N-1, L+1) > 2\pi_f(N, L) \qquad (9\text{-}23)$$

可以证明，只需要满足条件 $N \geq 2, L \geq 1$。这表明，通过并购而成为领导者可以增加并购企业的利润。因此，每个企业都有通过并购而成为领导者企业的欲望。并购可以增加企业的利润，那么消费者是否可以从中受益呢？通过比较并购前后价格和边际成本的差额我们可以得到答案：

并购前有 L 个领导者和 $N-L$ 跟随者，价格与边际成本差额是

$$p - c = \frac{a-c}{(L+1)(N-L+1)} \qquad (9\text{-}24)$$

并购后有 $N-1$ 个企业和 $L+1$ 个领导者，价格与边际成本差额是

$$p^m - c = \frac{a-c}{(L+2)(N-L-1)} \qquad (9\text{-}25)$$

比较 $p-c$ 与 p^m-c，要使消费者受益，需要满足

$$\frac{a-c}{(L+2)(N-L-1)} < \frac{a-c}{(L+1)(N-L+1)} \qquad (9\text{-}26)$$

或

$$L < \frac{N}{3} - 1 \qquad (9\text{-}27)$$

这一结果表明,只有当并购后领导者数目小于企业总数的 1/3 时,并购才会对消费者有利。

9.2 垂直兼并

9.2.1 垂直兼并如何减少双重加价

垂直兼并被定义为提供上游产品的企业与提供下游产品的企业之间的兼并,或者中间产品生产者与使用该中间产品的最终产品生产者之间的兼并。通过解决非一体化上下游企业对消费者产生的外部性,一体化比未一体化获得更高的利润与更低的价格。若是分散化而非纵向一体化,则价格可能高于纵向一体化的价格,而利润低于纵向一体化的利润。下面我们用一个模型来进行验证。

考虑一个垂直兼并的垄断者,垄断数量 q_m 和零售的垄断价格 p_m 由 $Q_m = D(p_m)$ 决定。p_m 使 $(p-c)D(p)$ 最大化。其中 $D(\cdot)$ 是需求曲线。假定生产商与零售企业都是垄断者。零售企业销售的数量与生产企业生产的数量相等。假定垄断生产企业收取的批发价是 p_w,生产企业的边际成本是 c,$p_w > c$。生产企业对零售企业采取的是线性批发价格:$T(q) = p_w q$。生产企业的目标为 $(p_w - c)q$ 最大化。零售企业的目标为 $(p - p_w)q$ 最大化。假设最终产品的市场需求函数为 $D(p) = 1 - p$。定义生产企业与零售企业的利润分别为 π_m 和 π_r。非纵向一体化条件下的利润是生产企业与零售企业利润的加总。那么零售企业的利润为

$$\max_p \pi_r = (p - p_w)(1 - p) \tag{9-28}$$

零售企业利润最大化的结果如下:

$$p = \frac{1 + p_w}{2}, \quad q = \frac{1 - p_w}{2}, \quad \pi_r = \left(\frac{1 - p_w}{2}\right)^2$$

然后考虑生产企业的利润最大化问题:

$$\max_{p_w} \pi_m = (p_w - c)\frac{1 - p_w}{2} \tag{9-29}$$

通过一阶条件可以解出,均衡时的产量和价格为

$$p_w = \frac{1+c}{2}, \quad q = \frac{1-c}{4}, \quad p = \frac{3+c}{4}$$

企业的总利润为(下标 ni 表示未发生垂直兼并,i 表示发生垂直兼并后)

$$\pi^{ni} = \pi_m + \pi_r = \frac{(1-c)^2}{8} + \frac{(1-c)^2}{16} = \frac{3(1-c)^2}{16}$$

垂直兼并后企业的利润最大化问题为

$$\max_p \pi^i = (p-c)(1-p) \tag{9-30}$$

通过一阶条件,得到

$$p = \frac{1+c}{2}, \quad \pi^i = \frac{(1-c)^2}{4} > \pi^{ni}$$

通过比较兼并前后的利润,可以看到一体化行业比非一体化行业的利润更高,价格也更低。**纵向一体化可以避免双重价格扭曲**。垄断链上的双重加价问题非常类似于互补品垄断生产者的问题。互补品的垄断生产者为了避免双重加价导致的需求收缩,有一体化的动因。

以上关于垂直兼并会降低价格和增进社会福利的结论是在单一产品市场并且假定上下游企业都是垄断者的条件下得出的。如果不是单一产品市场,或者上下游企业不是垄断者,得出的结论可能不同。在不同的假设条件下,福利变动的结果是不同的,很难得出一致的结论。在下游企业不是一个垄断者而是有多家企业的情况下,上游企业可以通过垂直兼并实施价格歧视,或者实施市场封锁,从而影响社会福利。

9.2.2 垂直兼并与价格歧视

假定上游企业是个垄断者,下游有两家企业。上游垄断企业的边际成本是 c^u。下游企业需要一单位上游企业的产品生产一单位最终产品。除了购买上游企业的产品所需的支出,下游两家企业还要额外花费成本来生产最终产品。假定两个下游企业具有相同的边际成本 c^d,但是面临不同的市场需求曲线:

$$p_1 = a_1 - b_1 q_1 \tag{9-31}$$

$$p_2 = a_2 - b_2 q_2 \tag{9-32}$$

因为两个下游企业的最终需求函数不同,所以它们对于上游企业的中间产品需求不同。如果能够对下游两个企业收取不同的价格,那么显然对于上游的垄断企业是有利的。但是由于不能阻止下游企业间的套利,价格歧视不能奏效。如果像上面讨论的那样由上游垄断企业兼并下游两个企业,则兼并后一体化的企业可以通过对最终产品收取垄断价格而获得垄断利润。假定由于受财力所限,上游垄断企业只能兼并其中一家企业,那么垄断企业可以通过兼并行为采取价格歧视,使自己获得更多的利润。

上游垄断企业兼并下游哪一家企业对自己更有利?这依赖于下游企业对于上游企业产品的需求价格弹性。简单来说,上游企业应该兼并对其产品需求价格弹性大的下游企业。**并购对福利的影响一般是不确定的,可能使得一部分企业和消费者受益,而使另一部分消费者和企业受损。**虽然并购消除了双重加价,但是使得未被并购的企业支付更高的价格,从而其利润受损。对于具体的福利变动情况的讨论,依赖于市场需求函数和企业生产函数的形状。

9.2.3 垂直兼并与市场封锁

以上所讨论的是上下游市场都垄断的情形,只有在垄断的情况下才会导致双重加成定价。如果上游市场是竞争的而下游市场是垄断的,或者下游市场是竞争的而上游市场是垄断的,只会导致通常的垄断定价,而不会导致双重加成。**这种情况下,垂直兼并不会带来福利改进。**

完全垄断和完全竞争现实中都比较少见,垄断竞争和寡头的市场比较多见。我们假定上下游市场都是寡头市场,以上下游都是双寡头为例。假定两家上游企业1、2提供同质产品,例如提供液晶显示屏,两家下游企业3、4生产差别产品,例如平板电脑,上下游寡头都进行价格竞争。兼并发生前,上游企业进行的价格竞争导致上游产品的价格等于边际成本。下游企业的差别产品会产生利润。

如果发生垂直兼并,例如一家上游企业1兼并了一家下游企业3。兼并的一体化企业对下游企业实行市场封锁,不再向下游企业4提供液晶显示屏,企业2成了企业4的垄断供应商,对企业4收取垄断价格,进而提高一体化企业最终产品的市场价格,这样的兼并会造成社会福利的损失。下面我们利用古诺模型加以说明。

假定有 n^u 家上游中间产品生产企业与 n^d 家下游最终产品生产企业。为

了方便讨论,假定上下游企业的边际成本分别是 c^u 和 c^d。最终产品市场的需求曲线为

$$p = 1 - q \tag{9-33}$$

其中 q 是最终产品总产量。假定有 m 家上游企业和 m 家下游企业实施了兼并,兼并后上游企业减少到 $n^u - m$ 家,下游企业减少到 $n^d - m$ 家。我们称兼并后的企业为一体化企业,未兼并的企业为独立企业。模型包含两期博弈。在第 1 期上游企业进行产量博弈,并确定价格 p^u;第 2 期未一体化独立的下游企业在支付 p^u 的价格后,和一体化的企业在最终产品市场进行产量博弈,最终产品价格为 p^d。

假定只有利润为正企业才会留在市场内,即需要满足下列条件。对于未一体化的上游和下游企业而言:$p^u > c^u$,$p^d > p^u + c^d$;对于一体化企业而言,$p^d > c^u + c^d$。这个条件表明,一体化企业会对非一体化企业实行市场封锁,一体化企业既不会向上游企业购买中间产品,也不会向下游企业出售中间产品。因为这两种行为都会使其利润减少。如果出售产品,其利润是 $p^u - c^u$,利用自己的中间产品生产最终产品,其利润是 $p^d - c^u - c^d$,只要 $p^d - c^u - c^d > p^u - c^u$,即 $p^d > p^u + c^d$,一体化企业就会自己生产。如果要使得未一体化独立企业留在市场中,$p^d > p^u + c^d$ 的条件必须满足。因此,在均衡时,一体化企业对未一体化独立企业实行市场封锁,未一体化下游企业只能向独立的上游企业购买中间产品。我们看兼并对于兼并企业、未兼并企业以及对于消费者的影响。

基本结论是:兼并会增加参与兼并企业的利润,而减少未参与兼并企业的利润,只有参与兼并企业的数量少于一半,兼并才会对消费者有利。证明如下。

假定一体化企业 $i = 1, 2 \cdots, m$,为方便讨论,假定 $c^u = c^d = 0$。考虑下游企业的利润:

一体化企业下游部门的利润为

$$\pi_i^d = p^d q_i^d = (1 - q_i^d - q_{-i}^d) q_i^d \tag{9-34}$$

其中 q_{-i}^d 表示除了 i 之外所有其他下游企业的产量。未一体化下游企业 $j = m+1, m+2, \cdots, n^d$ 的利润为

$$\pi_j^d = p^d q_j^d = (1 - q_j^d - q_{-j}^d - p^u) q_j^d \tag{9-35}$$

其中 q_{-j}^d 表示除了 j 之外所有其他下游企业的产量。最优化问题的一阶条

件为

$$\frac{\partial \pi_i^d}{\partial q_i^d} = 1 - 2q_i^d - q_{-i}^d = 0 \tag{9-36}$$

$$\frac{\partial \pi_j^d}{\partial q_j^d} = 1 - 2q_j^d - q_{-j}^d - p^u = 0 \tag{9-37}$$

假定企业的产量是对称的,所有一体化企业部门选择相同的产量,所有非一体化企业也选择相同的产量。我们得到

$$q_{-i}^d = (m-1)q_i^d + (n^d - m)q_j^d \tag{9-38}$$

$$q_{-j}^d = mq_i^d + (n^d - m - 1)q_j^d \tag{9-39}$$

将上述方程联立,可以解得

$$q_i^d = \frac{1 + (n^d - m)p^u}{n^d + 1} \tag{9-40}$$

$$q_j^d = \frac{1 - (m+1)p^u}{n^d + 1} \tag{9-41}$$

由于生产1单位下游产品需要一单位上游产品,由独立的非一体化上游企业生产的上游产品加总的需求为

$$q^u = (n^d - m)q_j^d \tag{9-42}$$

$$q_j^d = \frac{q^u}{(n^d - m)} \tag{9-43}$$

将上述两个式子联立可以解出 p^u

$$p^u = \frac{1}{m+1} - \frac{(n^d + 1)q^u}{(n^d - m)(m+1)} \tag{9-44}$$

这是线性逆需求函数 $p = a - bq$ 的一种特殊形式,其中 $a = \frac{1}{m+1}$, $b = \frac{(n^d + 1)}{(n^d - m)(m+1)}$。由标准的古诺模型可知,在成本标准化为0和有 $(n^u - m)$ 家独立上游企业的情况下,上游产品的均衡价格为 $p = \frac{a}{n^u - m + 1}$,即

$$P^u = \frac{1}{(m+1)(n^u - m + 1)} \tag{9-45}$$

增加并购会对上游企业产品的需求产生什么样的影响?对 m 求导,得到

$$\frac{\partial P^u}{\partial m} = \frac{2m - n^u}{[(m+1)(n^u - m + 1)]^2} \tag{9-46}$$

上式表明,增加一起额外并购使得中间产品价格降低的条件是,实行垂直兼并的上游企业数量少于一半。当然,中间产品价格降低不是消费者福利提高的充分条件,但得到这一结果还是比较有意义的。

在标准的古诺模型中,每一个非一体化上游企业的均衡产量是 $q_j^u = \dfrac{a}{b(n^u - m + 1)}$。带入逆需求函数可得

$$q_j^u = \frac{(n^d - m)}{(n^d + 1)(n^u - m + 1)} \tag{9-47}$$

$$\pi_j^u = \frac{(n^d - m)}{(m + 1)(n^d + 1)(n^u - m + 1)} \tag{9-48}$$

再将上游产品价格代入下游产品产量等式,得到每一个一体化企业下游部门和每一个非一体化下游企业的均衡产量:

$$q_i^d = \frac{1}{n^d + 1}\left[1 + \frac{(n^d - m)}{(m + 1)(n^u - m + 1)}\right] \tag{9-49}$$

$$q_j^d = \frac{1}{n^d + 1}\left[1 - \frac{1}{(n^u - m + 1)}\right] \tag{9-50}$$

可以看出,一体化下游企业比非一体化下游企业生产更多的产量,因为其投入成本更低。加总一体化企业和非一体化下游企业的产量,得到

$$q^d = \frac{n^d}{n^d + 1}\left[1 - \frac{(n^d - m)}{n^d(m + 1)(n^u - m + 1)}\right] \tag{9-51}$$

由逆需求函数得到一体化下游产品的价格:

$$p^d = 1 - Q^d = 1 - \frac{n^d}{n^d + 1}\left[1 - \frac{(n^d - m)}{n^d(m + 1)(n^u - m + 1)}\right]$$

$$= \frac{1}{n^d + 1}\left[1 + \frac{(n^d - m)}{(m + 1)(n^u - m + 1)}\right] \tag{9-52}$$

一体化企业下游部门和非一体化下游企业的利润分别为

$$\pi_i^d = p^d q_i^d = \frac{1}{(n^d + 1)^2}\left[1 + \frac{(n^d - m)}{(m + 1)(n^u - m + 1)}\right]^2 \tag{9-53}$$

$$\pi_j^d = (p^d - p^u)q_j^d = \left[\frac{(n^d - m)}{(n^d + 1)(n^u - m + 1)}\right]^2 \tag{9-54}$$

由于一体化企业比非一体化企业拥有更高的产量和更高的价格 - 成本差,因此其利润更高。利用上述的均衡结果可以分析垂直兼并对消费者福利的影响。存在着两种相互作用的相反力量影响消费者福利。一种是**竞争效**

应。垂直兼并和市场封锁减少了上游独立供应企业的数量,降低了上游企业的竞争压力,提高了上游产品的价格,导致下游产品价格的提高。这是竞争效应。另一种是**效率效应**。垂直兼并消除了上下游企业之间的双重加成,通过降低投入成本使下游企业成为激烈的竞争对手,这一效应会使最终产品价格降低。可以通过最终产品价格对 m 求导数看这两种效应的作用:

$$\frac{\partial p^d}{\partial m} = \frac{1}{n^d+1} \left[\frac{2mn^d - n^u(n^d+1)^u - m^2 - 1}{[(m+1)(n^u-m+1)]^2} \right] \tag{9-55}$$

上式的符号正负由分子决定。要保证增加额外的兼并后价格下降,必须满足 $2m < n^u$,即参与兼并的企业数目低于上游企业数目的一半。若分子的值大于0,则垂直兼并将导致消费者支付更高的价格。

上述模型解释了数量竞争条件下,企业垂直兼并对于兼并企业、非兼并企业以及消费者可能造成的影响。模型表明,相对于非一体化企业而言,一体化企业获得更多的利润。既然这样,为什么不是所有的企业都选择一体化的策略呢?Ordover,Saloner & Salop(1990)构造了一个价格竞争模型(简称"OSS模型"),并解释了已经实施一体化的企业有激励阻止竞争对手的并购。OSS建立的4期博弈模型证明,并购的企业通过设定一个高于竞争价格但是低于垄断价格的上游产品价格对非一体化下游企业供货,这种定价策略不仅能够使自己获利,也可以使得非一体化的上下游企业获得的利润总量大于二者一体化的利润。这种定价措施不是市场封锁行为,但却是反竞争的,因为这种定价策略提高了最终产品价格。

正因为这种定价策略的反竞争性质,使得一些反垄断法比较严厉的国家或经济体的反垄断机构有可能拒绝批准此类兼并。例如通用(GE)和霍尼韦尔(Honeywell)的兼并就遭到欧盟的禁止。此外,Hortacsu & Syverson(2007)对美国预制混凝土行业企业纵向一体化的影响进行经验研究,得出该行业的垂直兼并有利于提高社会福利的结论,主要原因是并购有助于提高企业的生产力。

9.3 纵向控制

上下游企业之间可以通过垂直兼并增加利润,也可以通过其他方式在产品纵向价值链上攫取更多的利润,例如通过签订价格和非价格合约限制,从而避免因企业间激烈竞争而导致发生利润下降的状况。

价格合约限制主要是实行价格限制,可能是限定最高价,也可能是限定最低价。非价格合约有数量限制,例如规定最低购买数量;或者是限定交易伙伴,例如禁止买卖竞争对手的产品,称为"**排他交易**";或限定交易区域,例如只允许企业在某一区域独家销售企业产品,称为"**排他地域**"。我们将对这些纵向控制行为进行经济学分析。

9.3.1 纵向价格控制

反对纵向价格控制的观点认为纵向价格控制会妨害竞争。例如,假定上下游各有两家企业,上游两家企业生产同质产品,并拥有相同的边际成本 c^u,下游两家企业销售同质产品,并拥有相同的边际成本 c^d。假定最终产品的逆需求函数是 $p = a - q$。若上下游企业都进行价格竞争,则结果是最终产品的价格为 $c^u + c^d$。但是,如果上下游企业实行控制价格行为,订立合约,将价格定在垄断价格水平,然后瓜分垄断利润,则最终产品的价格是

$$p = \frac{a + c^u + c^d}{2} \tag{9-56}$$

联合的垄断利润是

$$\frac{[a - (c^u + c^d)]^2}{4} \tag{9-57}$$

通过与控制前的价格和企业利润进行比较,可以看到**价格控制行为是妨害竞争的,并使消费者福利受损。**

另一方面,也有支持价格控制的观点认为,纵向控制可以通过多种途径增进消费者福利。

第一,纵向价格控制可以消除双重价格加成,因此有利于降低价格。但这种观点只有在上下游企业都是垄断者的条件下才成立。

第二,纵向价格控制有助于消除当零售企业采取价格歧视时的垄断利润的下降。Chen(1997)构建了一个上游批发企业和两个下游零售企业之间的博弈模型,证明了批发企业与零售企业签订合约维持转售价格可以防止零售企业因价格歧视而导致最终实现的利润低于垄断利润。假定批发企业的边际成本为 c^u,零售企业的边际成本为 c^d,批发企业的批发价格是 w,w 可以等于 c^u,也可以高于 c^u。批发企业要视何种批发价格可以为自己带来最大利润

而确定批发价格。我们知道,如果两个零售企业面临的是相同的消费者,则批发企业可以以等于边际成本的批发价格提供上游产品给零售企业,再向零售企业收取等于垄断利润的固定费用,这样就可以实现最大化的垄断利润。如果零售企业面临不同的消费者,一部分是流动的外地消费者,另一部分是不流动的本地消费者,那么零售企业为争夺流动消费者而竞争的结果会使得对这部分消费者的价格等于 $w+c^d$,而对于本地消费者,两个零售企业都具有垄断力,可以收取垄断价格。因此,存在双重加成定价问题。这种双重加成会导致消费需求的减少,从而导致利润低于垄断利润。非流动消费者的比例越大,因双重加成而导致的利润减少越多。两部定价策略也无法实现垄断利润最大化。由于下游企业实行价格歧视,上游企业不得不采取次优的定价方案:要么为获得竞争市场的最大利润而制定高的批发价格,要么为防止零售企业在零售环节双重垄断加成定价而制定低的批发价格。上游企业必须在这两者之间进行权衡。无论如何,两部定价都无法获得最优的结果。然而,转售价格维持可以实现最优的结果。上游企业可以和下游零售企业签订这样的合约:上游企业以 $\left\{c^u, \dfrac{[a-(c^u+c^d)]^2}{8}\right\}$ 的价格结构向两个零售企业提供商品,其中 c^u 是批发价,$\dfrac{[a-(c^u+c^d)]^2}{8}$ 是固定费用;零售企业收取的价格不得低于垄断价格 p^m。这样,零售企业无法降价争夺消费者,不管是本地非流动顾客还是非本地流动顾客都必须支付同样的价格。上下游三家企业实现了最大化的联合利润 $\dfrac{[a-(c^u+c^d)]^2}{4}$。

第三,纵向价格控制有助于保证零售服务的提供。在企业的纵向关系中,不同的合约形式不仅会影响最终产品的价格,也会影响最终产品的服务。许多服务是由下游零售企业提供的,例如物品介绍、物品展示、购物环境的美化,等等。提供这些服务是有价值的,会增加消费者的需求,增进社会福利。但是,这些服务也是有成本的。如果没有一种有效的合约,下游服务商提供的服务可能不会达到社会最优。服务水平属于广义的产品质量的范畴。在分析垄断市场结构时,我们看到垄断条件下产品的价格高于竞争的市场,但提供的质量是不确定的,可能高于社会最优,也可能低于社会最优,还可能等于社会最优,依赖于消费者对于质量的边际评价和生产的技术特征。假定纵向一体化的垄断者提供的服务水平是符合社会最优的,那么非纵向一体化的上下游企业是否也能够提供符合社会最优水平的服务?答案是不确定的,既依赖于需求特征,也依赖于市场结构,还依赖于上下游企业之间的合约形式等条件。假定上游的生产企业和下游的零售企业都是独立的垄断者。如果两个企业不通过合约协调定价,则会出现价格双重加成问题。双重加成的结果是需求下降,企业的利润减少。为了获得垄断高利润,上游生产企业可以通过两部定价和转售价格维持相结合的合约实现垄断利润和符合社会最优的服务水平。合约的形式是,确定一个符合上下游企业加总利润最大化的服务水平,上游企业将批发价格确定为产品的边际成本,并将垄断利润确定为固定费用,下游企业收取垄断价格。固定费用部分在上下游两个垄断者之间分割。以下考虑下游零售市场是竞争的情况。假定上游企业是垄断者,下游零售市场是竞争的。上游垄断企业收取批发价格 w,下游零售企业提供服务的成本是 c^s。给定批发价格和服务成本,竞争的零售企业会使最终价格等于 $w+c^s$,而且会提供最优的服务。因为如果一个零售企业不能提供最优服务,他将失去所有顾客。由于下游零售市场存在激烈的竞争,因此上游垄断企业无法通过两部定价合约获得垄断利润。上游垄断企业只能通过高的批发价格获取利润。转售价格维持是上游垄断企业获取高利润的最好方式。上游垄断企业确定一个等于一体化企业最终产品市场价格的零售价 p^m,零售企业不得低于此价格销售产品。上游垄断企业收取 $w=p^m-c^s$ 的批发价格。零售企业为了赢得顾客,会提供符合上游垄断者期望的服务水平。

第四,转售价格维持有助于防止搭便车行为。零售服务不仅提供有形的服务,也提供无形的服务,例如信息服务。信息服务具有外部性。许多技术含量高的产品性能需要通过专业人士的介绍才能让消费者了解,如果一些零售企业店花费成本雇用专业人士向消费者介绍产品信息,而消费者却转向另一家没有聘请专业人士的商店以低价购得同样商品,就会使聘用专业人士的零售企业受损。为了使零售企业有激励提供信息服务,扩大市场需求,上游垄断企业会采取转售价格维持的合约防止搭便车行为。转售价格维持还可以消除由于需求不确定而对上游垄断企业造成的不利影响。市场会呈现高需求和低需求两种特征,高需求时最终需求价格高,低需求时零售企业的竞争性降价行为可能会导致零售企业亏本甩卖商品。如果没有有效的合约,不确定的市场需求会让零售企业独自承担市场风险,这将降低其对上游垄断企业的产品需求。为了保证零售企业对自己产品的需求,上游垄断企业会采取转售价格维持的合约方式,确定一个等于一体化垄断企业最终产品价格的价格,但是此价格要保证下游零售企业的收支平衡。这就需要确定合适的批发价格 w。确定 w 的原则是,当零售企业购买与均衡价格相一致的较高数量上游企业产品而在低需求时仅能出售其中一部分时仍然能够使下游企业收支平衡。

9.3.2 非价格纵向控制与后市场控制

非价格纵向控制的主要合约形式是排他交易与排他地域。例如,一些快餐连锁店只销售某一种品牌的饮料。某些名牌产品往往限定下游零售企业代理商只在特定的区域销售其产品。与对纵向价格控制的福利影响的观点存在分歧一样,有关非价格纵向控制的福利影响,经济学界也存在分歧。

反对非价格纵向控制的观点认为其会损害消费者利益。

首先,排他交易的合约会限制竞争。考虑上游两个生产有差别但是可以相互替代产品的企业 U^A 与 U^B;每个企业都有其下游零售网络,分别为 D^A 与 D^B。销售网络 D^A 有许多零售企业,只销售 U^A 的产品,在没有排他合约的情况下,D^A 网络零售企业所销售的产品可以完全替代。同理,D^B 网络零售企业所销售的产品可以完全替代。上游企业按照利润最大化的目标分别确定批发价格 w^A 与 w^B。两个零售网络的零售企业具有分别相同的销售成本 c_A^D 与 c_B^D。我们知道,竞争的结果会导致最终产品的价格分别等于 $w^A + c_A^D$ 和 $w^B + c_B^D$。零售企业的利润为零。现在考虑上游企业与下游零售企业签订排他地域合约,只允许零售企业在各自地域销售上游企业产品,这将会导致零售价格提高,高于批发价格加上销售成本。由于定价是策略互补的,每个下游企业都会从提价中受益,这就削弱了零售企业之间的价格竞争。尽管由于上下游企业价格的双重加成而导致需求量下降,但是上游企业批发价格也会由于最终产品价格的提高而提高,这足以弥补因价格双重加成所导致的利润损失,因此,生产企业和零售企业从排他合约中获得了好处,但是消费者福利受损。

其次,实施纵向控制可以利用排他交易阻止进入。假定上下游各有一个垄断企业,它们分别以 c^u 和 c^d 单位成本生产和销售产品。消费者对于产品具有单位需求,需求是完全无弹性的。消费者的评价是 $V, V > c^u + c^d$。在上下游都是垄断的情况下,最终产品的价格会确定为 $p = V$,企业剥夺了全部消费者剩余。假定分别存在一个潜在的生产企业和一个潜在的销售企业可能进入该市场。潜在生产企业比现有企业更有效率,其单位成本为 $c^u - \delta$,但是潜在零售企业的单位成本高于现有零售企业,为 $c^d + \sigma$。如果不阻止潜在进入者进入,现有的零售企业会选择和潜在的生产企业交易,因为二者加总的单位成本更低,即 $c^u - \delta + c^d < c^u + c^d$,现有生产企业只和高成本的潜在零售企业交易。二者加总的单位成本是 $c^u + c^d + \sigma$。假定 $c^u + c^d + \sigma < V$。竞争的结果可能是二者被淘汰出局,或者虽未退出竞争,但是二者的高成本为最终产品销售设定一个最高价格,即产品可以不再按照 $p = V$ 出售,而是按照 $p = c^u + c^d + \sigma$ 出售。低成本的上下游企业的交易可以获得利润,其单位产品利润为 $\delta + \sigma$;高成本上下游企业交易的利润为 0。

考虑到 $c^u + c^d + \sigma < V$,假如垄断企业允许潜在企业进入,并按照 $p = c^u + c^d + \sigma$ 确定价格,那么上下游企业所获得的利润总额均会小于阻止进入情况下按照 $p = V$ 定价获得的利润总额。因此,原垄断生产企业有激励和原垄断零售企业签订排他交易合约,以便阻止潜在进入者进入。但是要让原零售企业也有激励参与订立排他交易合约,垄断生产者必须降低批发价格 w。由于阻止进入后原垄断生产企业避免了容纳进入情况下利润为 0 的结果,因此它愿意降低批发价格,给零售企业更多的好处。结果是消费者福利受损。

有关上游企业为争夺下游企业代理权的竞争模型比上述分析要复杂得多。福利结果也是不确定的。上游企业争夺下游企业独家代理权会降低批发价格,从而降低零售价格,使消费者支付较低的价格,但是也使消费者无法买到因独家代理而被排斥的商品,净福利效应是不确定的。

也有一些观点支持非价格纵向控制,认为排他交易或排他地域可以防止搭便车行为。比如,品牌产品做广告,因此价格高;若不实行排他交易,则代理品牌产品的零售企业有可能销售便宜的非品牌产品给消费者。

9.3.3 后市场控制

一些耐用消费品在产品销售后,消费者会在购买产品后的日常使用中面临服务与维修等问题。一些大企业会有自己产品的服务与维修网络,并且提供维修所需要的零部件,这种策略被称为"后市场控制"。具有垄断力量的企业会对后市场实施纵向控制,例如与提供维修或服务的下游企业订立排他合约,以攫取售后维修或服务市场的利润。企业可以通过拒绝向那些处于其服务与维修网络体系之外的企业提供维修零部件、为加入其服务与维修网络体系的独立维修或服务企业提供维修零部件的方式,实现对后市场的控制。市场具有锁定效应,一旦消费者购买某一品牌的产品,当产品出现问题后放弃产品维修转而购买其他品牌产品会产生较高的转换成本。因此企业可以通过降低产品销售价格而提高产品维修与服务价格的方式对后市场进行纵向控制。

9.4 总结

在本章,我们介绍了企业兼并的主要形式和兼并产生的原因及影响。兼并与企业合谋不同,反映的是企业所有权的合并。兼并可以划分为水平兼并、垂直兼并、混合兼并三种类型。对于水平兼并来说,兼并悖论即为什么企业发生兼并时并不总是能产生净收益是我们首先需要了解的问题,我们证明了只有当市场中进行兼并的企业比例足够高时,兼并才是有利可图的。对于企业而言,兼并为什么是一个具有吸引力的选择?我们可以从成本降低、先行优势、减少双重加价、价格歧视、市场封锁、纵向控制的角度进行分析。我们还可以发现,在一定条件下,兼并对于消费者剩余以及社会福利是有利的,但是同时也有研究发现兼并会损害市场竞争,带来社会福利的下降。

9.5 习题

1. 在一个生产同质产品的行业中存在 3 家企业,产量分别用 Q_i 表示,市场反需求函数为 $p=a-bQ$, $Q=\sum_{i=1}^{3}Q_i$,三家企业同时制定产量,回答下列问题:

(1)计算古诺均衡时每家企业的产量和利润。

(2)假如企业 1 和企业 2 发生兼并,形成一家新企业 4,计算在古诺市场结构中企业 4 的产量和利润,并分析在什么样的条件下企业 1 和企业 2 兼并可以获利。

(3)假如企业 3 和企业 4 发生兼并,分析企业 4 兼并可以获利的条件。

(4)解释为什么第一次兼并和第二次兼并面临的获利条件不同。

2. 考虑一个由音箱和 DVD 机构成的音响市场,市场中的消费者希望同时购买一台 DVD 机(用产品 x 表示)以及两个音箱(用产品 y 表示),对于消费者来说,音箱和 DVD 机是完全互补品。假设一台 DVD 机的价格为 p_x,一个音箱的价格为 p_y,那么一整台音响设备的价格 $p_z = p_x + 2p_y$,设音响市场的需求函数为 $Q = a - bp_z = a - b(p_x + 2p_y)$,其中 $Q = x = y/2$。假设 x 和 y 分别由两家垄断企业 1 和 2 生产,生产成本均为 0,回答下列问题:

(1)假设生产 x 和 y 的企业是完全独立的,求伯川德均衡时两种产品的价格、产量以及两家企业的利润。

(2)假设企业 1 和 2 发生兼并组成企业 3,计算兼并发生后市场均衡时每种产品的价格、产量以及企业 3 的利润。

(3)分析兼并对于社会福利的影响,讨论在什么样的条件下社会福利会得到改善。

参考文献

Ordover, J. A., G. Saloner, S. C. Salop. 1990. "Equilibrium Vertical Forclosure". *American Economic Review*, 80(1):127-142.

Hortacsu, A., C. Syverson. 2007. "Cementing Relationships: Vertical Integration, Foreclosure, Productivity, and Prices". NBER Working Papers.

Chen, Y. 1997. "Equilibrium Product Bundling". *The Journal of Business*, vol. 70(1):85-103.

第四篇

非价格竞争

第十章 广告

我们对广告十分熟悉,电视广告、报纸杂志广告、户外广告以及随互联网发展的新媒体广告等形式多样的广告占据了我们的日常生活。电视广告是广告的主要形式之一,许多企业有着巨额的广告费支出。2011年中央电视台春节联欢晚会零点倒计时广告拍卖价格为5720万元,价值高达半个亿。而随着互联网的普及,成本相对较低的新媒体广告发展迅速。2021年新媒体平台广告投放预算高达240亿元。在线教育企业对新媒体广告尤为青睐,预计一支短视频广告将给企业带来超过20万个课程订单,而通过一支短视频广告产生的消费超过3 000万。

广告通常被定义为传递有关商品价格、质量、区位以及服务等信息的信息传递形式。广告是产业组织研究的重要主题之一,产业组织对广告的研究是从企业行为和广告对于社会福利的影响角度进行的。经济学文献将广告分为两类:劝购型广告(persuasive advertisement)与信息型广告(informative advertisement)。劝购型广告倾向于强化消费者对某种特定商品的偏好,提升消费者的支付意愿;而信息型广告传递诸如价格、特征等产品的基本信息,增加产品的需求量、扩展产品范围。

10.1 劝购型广告

劝购型广告能够影响市场需求。进行广告宣传的企业拥有一定的市场势力,面临向下倾斜的需求曲线。首先,本节将探讨利润最大化企业的最优广告支出;接下来,本节将探讨柯布-道格拉斯型需求函数下最优的广告水平。

10.1.1 最优广告支出:多夫曼-斯坦纳条件

在 Dorfman & Steiner(1954)这篇有关广告的开创性论文中,假设产品需求是广告支出与价格的函数,产品需求随企业广告支出增加而单调增加,由此得出了多夫曼-斯坦纳条件。假设市场中存在一位出售单一产品的垄断经营者,其面临的需求函数为 $D(P,A)$,其成本函数为 $C(D(P,A))$,其中 P 为产品价格,A 为广告支出。那么垄断者利润函数为

$$\pi^m(P,A) = PD(P,A) - C(D(P,A)) - A \tag{10-1}$$

利润最大化的两个一阶条件是

$$\frac{\partial \pi^m(P,A)}{\partial P} = 0 \Rightarrow D(P,A) + PD_P(P,A) = C'(D(P,A))D_P(P,A) \tag{10-2}$$

$$\frac{\partial \pi^m(P,A)}{\partial A} = 0 \Rightarrow PD_A(P,A) - C'(D(P,A))D_A(P,A) = 1 \tag{10-3}$$

令 $E_P = -\frac{\partial D}{\partial P}\frac{P}{Q}$ 和 $E_A = \frac{\partial D}{\partial A}\frac{A}{Q}$ 分别表示需求的价格弹性与需求的广告弹性,则整理上述两个一阶条件得到 $\frac{A}{PQ} = \frac{E_A}{E_P}$。垄断者通过选择价格和广告支出,使得广告支出与销售收入之比等于需求的广告弹性与需求的价格弹性之比,以此实现其利润最大化目标,这就是多夫曼-斯坦纳条件。由此条件可以得出,需求的价格弹性越小,即企业的市场势力越强,企业最优广告支出越大;需求的广告弹性越大,企业最优广告支出越大。

10.1.2 应用:柯布-道格拉斯型需求函数下的最优广告支出

假定垄断者面对的需求函数为 $Q(A,P) = \beta A^{\alpha_1} P^{\alpha_2}$,$\beta > 0, 0 < \alpha_1 < 1, \alpha_2 < -1$;每单位产品生产成本是 c,广告支出总成本为 A。

$$\max_{A,P} \Pi(A,P) = \beta A^{\alpha_1} P^{\alpha_2+1} - c\beta A^{\alpha_1} P^{\alpha_2} - A \tag{10-4}$$

其中,A 是广告支出。最优广告支出取决于 α_1 和 α_2。

10.2 信息型广告

经济学中消费者行为模型假定消费者对可获得的产品和服务的种类和价格具有完全信息。然而在现实中,消费者往往难以完全掌握产品的特性、品牌之间的差异,或者各个商店各类产品的价格。企业通过营销活动向消费者提供产品特性和价格等方面的信息。21世纪伊始,哈药六厂科研费用仅

234万美元,总资产不足1亿美元,却每年花费数亿美元广告费用对其生产的"严迪""泻利停""新盖中盖"等产品进行大量广告宣传,这增强了消费者对保健产品的认知,同时也使得哈药六厂此后在该市场上占据主导地位。正如尼尔森(Nelson)公司所指出,消费者依赖一定的信息购买产品,广告能够作为向消费者传递信息的工具。

10.2.1 广告与质量信号

Milgrom & Roberts(1986)构造了一个新研发商品通过广告向消费者传递信息的模型。模型假定如下:新研发商品分为优质与劣质两种,质量参数分别为 H、L,且满足 $0<L<H<1$。质量参数可以被视为令消费者满意的程度。

当新研发产品被引入市场时,企业制定一个初始的价格和广告水平。令 $R(p,H,H)$ 代表在不进行广告支出时,以价格 p 销售优质产品(质量参数为 H)并且消费者也认为该产品是优质产品情况下,企业所获得的收益。令 p_{HH} 为使得该收益最大化的价格。令 $R(p,L,H)$ 代表在不进行广告支出时,企业以价格 p 销售劣质产品(质量参数为 L)而且消费者认为产品是优质产品情况下企业所获得的收益。令 p_{LH} 为使得该收益最大化的价格。

消费者愿意为优质产品支付更高的价格,生产劣质产品的企业有伪装成生产优质产品企业的动机,因此,生产优质产品的企业必须制定一组价格与广告投入,使得生产劣质产品企业伪装成生产优质产品企业的行为无利可图。

若生产优质产品的企业选择一组价格广告组合 (p,A),并使得消费者相信其销售的是优质产品,那么其收益为 $R(p,H,H)-A$。如果该企业不进行广告宣传,并且消费者误以为其生产的是劣质产品,那么其收益为 $R(p_{HL},H,L)$。因此,只有当 (p,A) 满足下列条件时,生产优质产品的企业才愿意进行广告宣传:

$$R(p,H,H)-A \geqslant R(p_{HL},H,L) \tag{10-5}$$

若生产劣质产品的企业伪装成生产优质产品的企业,那么其所获得的收益为 $R(p,L,H)-A$。如果该企业不进行广告宣传,其收益为 $R(p_{LL},L,L)$。因此,如果满足下列条件,生产劣质产品的企业将不会伪装成生产优质产品的企业:

$$R(p_{LL},L,L) \geq R(p,L,H) - A \qquad (10\text{-}6)$$

结合(10-5)、(10-6)两式,当下述条件成立时,存在分离解,即只有生产优质产品的企业进行广告宣传。

$$R(p,H,H) - R(p_{HL},H,L) \geq A \geq R(p,L,H) - R(p_{LL},L,L) \qquad (10\text{-}7)$$

10.2.2 垄断竞争条件下的信息型广告

Butters(1977)提出了一个分析垄断竞争市场结构下企业广告行为的模型。该模型假定所有企业生产同质产品,不存在产品的横向或者纵向差异,企业生产的单位成本为 c,即存在不变的规模报酬;每位消费者有单位需求。消费者的效用函数为

$$U = \begin{cases} \bar{s} - p, & \text{如果购买} \\ 0, & \text{如果不买} \end{cases}$$

如果信息完备,则伯川德价格竞争将导致价格等于边际成本。消费者的效用为 $\bar{s} - c$。

假定消费者无法通过搜寻方式获得产品信息。企业通过随机散发广告的形式使消费者获得产品存在及相关价格的信息,而散发广告需要花费成本。

假设存在 N 个消费者,每个消费者接收到一条给定广告的概率是 $\frac{1}{N}$。一个消费者可以收到 i 条广告, $i = 0,1,2\cdots$。如果消费者没有接收到广告,则不会购买。如果消费者接收到广告,只要价格不高于 $\bar{s}$,就会从相应企业购买。如果消费者同时接收到若干条广告,且价格都不高于 $\bar{s}$,则从价格最低的生产者处购买。若收到多条相同价格的低价广告,将从中随机选购。

令 m 为所有企业发送给消费者的广告总数,消费者至少获得一条广告的概率是 $\alpha, \alpha \in (0,1)$。若 N 足够大,消费者得不到广告的概率为

$$1 - \alpha \equiv \left(1 - \frac{1}{N}\right)^m \cong e^{-m/N}$$

假定散发广告具有不变的规模报酬,令 c' 表示发送广告的单位成本,则确保消费者至少获得一条广告的概率为 α 的社会成本为 $A(\alpha) = c'm = c'N\ln\left(\frac{1}{1-\alpha}\right)$。每个消费者对应的广告成本为

$$c'\ln\left(\frac{1}{1-\alpha}\right)$$

假定 $\bar{s} > c + c'$，在不存在进入成本的情况下，考虑企业自由进入的均衡。

Butters(1997)指出，任何介于 $c + c'$ 与 $\bar{s}$ 之间的价格都有可能是出现在某些企业广告上的均衡价格。高于 $\bar{s}$（无需求）与低于 $c + c'$（无供给）的价格是不可能的。

发送与接收广告的情况如下：较高的价格 p 产生较高的利润边际，但是被接受的概率较低，令 $x(p)$ 表示一个消费者接收到一个价格为 p 的广告并接受的概率，$x(p)$ 是向右下方倾斜的需求函数。在均衡条件下，无论价格 p 如何，一个广告必须取得零预期利润，否则将会有新企业进入，发出同样价格的广告，直至被接受的概率足够低，以至低到满足利润为零的条件。即对于所有位于区间 $[c + c', \bar{s}]$ 的价格 p 而言，有

$$(p - c)x(p) - c' = 0 \tag{10-8}$$

此时，$x(c + c') = 1$，否则价格为 $c + c'$ 的广告将会赔本。反过来也可以从概率 $x(p)$ 推出接受概率为 $x(p)$ 的广告的价格 p。

若标明最高可能价格的广告是消费者接收到的唯一广告，则该广告将引发销售。因此，标明最高可能价格的广告引发销售的概率 $x(\bar{s})$ 等于消费者一个广告也未接收的概率 $1 - \alpha^{mc}$。根据(10-8)，有

$$1 - \alpha^{mc} = \frac{c'}{\bar{s} - c}$$

10.2.3 垄断竞争条件下的社会福利分析

接下来讨论社会福利问题。由于消费者单位需求以及消费者同质性的假设，市场结构不会导致消费的扭曲。至少接收到一条广告的消费者消费一个单位的商品，从社会角度而言这是最优的。社会中唯一潜在的扭曲与广告的数量有关，即与没有接收到广告的消费者的比例 $1 - \alpha$ 有关。由于一个消费者消费产品获得的剩余是 $\bar{s} - c$，因此为获得社会最优，需要求解如下社会最优问题：

$$\max_{\alpha} \left[\alpha(\bar{s} - c) - c' \ln\left(\frac{1}{1 - \alpha}\right) \right] \tag{10-9}$$

上述优化问题的一阶条件为

$$\bar{s} - c - \frac{c'}{1 - \alpha^*} = 0, \quad 即 \ \alpha^{mc} = \alpha^* \tag{10-10}$$

因此广告的垄断竞争水平是社会最优水平。该结论表明信息型广告在市场中不一定会产生扭曲。但是该结论是在特定假定下得出的,例如单位需求、消费者同质、不存在消费者搜寻产品等。如果消费者同时有两条渠道获取信息(广告与消费者搜寻产品),则垄断竞争均衡会导致太多的广告与太少的搜寻。

10.2.4 寡头市场条件下的信息型广告

Grossman & Shapiro(1984)在 Butters(1977)研究的基础上分析了寡头市场结构下的信息型广告问题。该模型把原模型与环形城市结合起来,企业沿着信息与选址两个维度实施差异化。本节应用 Tirole(1988)讨论的简单的例子,不考虑市场进入问题,集中讨论广告对个人需求弹性的影响,以及广告对利润独占性与窃取生意的影响。

考虑一个线形城市模型。两个企业位于长度为1的线段两端,消费者以1的密度均匀地分布于该线段。消费者消费商品获得的总剩余为 $\bar{s}$,单位距离的交通费为 τ。当且仅当消费者从一个企业获得一个广告,他才能消费一单位产品。

令 α_i 表示从企业 $i(i=1,2)$ 获得一份广告的消费者比例。假定广告不是区域性的,因此该线段上的任一位消费者有同等的机会获得一份给定的广告。使广告送达 α_i 比例的消费者的成本为 $A(\alpha_i)$,且 $A'>0, A''>0$。根据巴特斯模型:

$$A(\alpha_i) = c'\ln\left(\frac{1}{1-\alpha_i}\right)$$

为简化起见,令广告成本为

$$A(\alpha_i) = \frac{a\alpha_i^2}{2}$$

企业1潜在的需求规模为 α_1。α_1 可以分解为两个部分。其中的 $(1-\alpha_2)$ 比例的消费者没有接收到企业2的广告,可以视为企业1的客群,只要企业1的价格不高于消费者的保留价格减去交通成本 $(p_1 \leq \bar{s} - \tau)$,消费者都愿意支付该价格。$\alpha_2$ 比例的消费者至少从企业2接收到一条广告。假定企业均不能实行价格歧视,分别选择价格 p_1 与 p_2。在具有完全信息的条件下,根据线形区位模型,α_2 比例的消费者对企业1的需求为

$$\frac{p_2 - p_1 + \tau}{2\tau}$$

因此,对企业 1 的需求为

$$D_1 = \alpha_1 \left[(1 - \alpha_2) + \alpha_2 \left(\frac{p_2 - p_1 + \tau}{2\tau} \right) \right]$$

在 $p_1 = p_2 = p$ 以及 $\alpha_1 = \alpha_2 = \alpha$ 的情况下,需求弹性为

$$E_{d1} = -\frac{\partial D_1}{\partial p_1} \frac{p_1}{D_1} = \frac{\alpha p}{(2 - \alpha)\tau}$$

需求弹性是广告送达比例 α 的增函数,即需求弹性随广告送达比例的增加而增加。

考虑如下博弈:两企业同时选定价格与广告水平,其中企业 1 的行为由下式描述:

$$\max_{\{p_1, \alpha_1\}} \left\{ \alpha_1 \left[(1 - \alpha_2) + \alpha_2 \left(\frac{p_2 - p_1 + \tau}{2\tau} \right) \right] (p_1 - c) - A(\alpha_1) \right\} \quad (10\text{-}11)$$

企业 2 的行为可以做类似描述。在上述优化问题中,考虑二次成本函数:

$$A(\alpha_i) = \frac{a\alpha_i^2}{2}$$

上述优化问题的一阶条件为

$$p_1 = \frac{p_2 + c + \tau}{2} + \frac{1 - \alpha_2}{\alpha_2}\tau \quad (10\text{-}12)$$

$$\alpha_1 = \frac{1}{a}(p_1 - c)\left[1 - \alpha_2 + \alpha_2 \left(\frac{p_2 - p_1 + \tau}{2\tau} \right) \right] \quad (10\text{-}13)$$

根据博弈的对称性,可以求得对称的均衡解 $p_1^c = p_2^c = p^c$ 和 $\alpha_1^c = \alpha_2^c = \alpha^c$。假定 $a \geq \frac{\tau}{2}$。解(10-12)和(10-13)得到

$$p^c = c + \tau \frac{2 - \alpha^c}{\alpha^c} = c + \sqrt{2a\tau}$$

$$\alpha^c = \frac{2}{1 + \sqrt{2a/\tau}}$$

$$\Pi^1 = \Pi^2 = \frac{2a}{(1 + \sqrt{2a/\tau})^2}$$

由该模型可以导出若干有趣的结论,这些结论只在竞争区域内(既接收

到企业1的广告,又接收到企业2的广告的客群)有效。

首先,价格 p^c 超过了有充分信息的价格 $(c+\tau)$。这是较低的需求弹性所致。价格随横向差异化参数 τ 的增加而增加,随广告成本 a 的增加而增加。

其次,广告的成本越低,横向差异化程度越高,企业的广告水平越高。

最后,利润随交通成本、广告成本的增加而增加。给定 p 与 α,a 增加的直接效应是减少企业的利润。但与此同时,a 增加存在策略效应,广告成本的增加减少了广告数量,因而产生信息问题带来的产品差异化,使得企业得以涨价。

10.2.5 寡头市场条件下的社会福利分析

本节在分析寡头市场条件下的社会福利时,将梯若尔模型进行简化,考虑单一消费者、单一产品的寡头市场。

设产品价格为 p,p 是外生给定的。$\bar{s}$ 是消费者消费产品获得的效用。消费者效用函数如下:

$$U = \begin{cases} \bar{s}-p, & \text{如果购买} \\ 0, & \text{如果不买} \end{cases}$$

消费者从企业接收到的广告数目可能为0、1或2条。若消费者接收到1条广告,将从发出广告的企业购买1单位产品;若没有接收到任何广告,将不购买产品;若接收到2条广告,将从两个企业各购买 $\frac{1}{2}$ 单位的产品。A 表示进行广告宣传的成本。对于企业 i 而言,其利润可以表示为

$$\pi_i = \begin{cases} p-A, & \text{若只有企业} i \text{的广告被接收到} \\ \dfrac{p}{2}-A, & \text{若两个企业的广告均被接收到} \\ -A, & \text{若企业} i \text{发送了1条广告,但是广告没有被接收到} \\ 0, & \text{若企业} i \text{没有做广告,因此没有销售产品} \end{cases}$$

令 $\delta(0 \leq \delta \leq 1)$ 表示消费者接收到某一企业发出的广告的概率,则企业1的期望利润为

$$E\pi_1 = \delta(1-\delta)(p-A) + \delta^2\left(\frac{p}{2}-A\right) - (1-\delta)A$$

即

$$E\pi_1 = \begin{cases} \delta(1-\delta)p + \delta^2 \dfrac{p}{2} - A, & \text{两个企业都做广告} \\ \delta p - A, & \text{只有企业 1 做广告} \\ 0, & \text{企业 1 不做广告} \end{cases}$$

比较上述结果得到以下结论：

对于给定的 $p(p \leq \bar{s})$，当且仅当 $\dfrac{p}{A} \geq \dfrac{1}{\delta}$ 时，只有一个企业会进行广告宣传；当且仅当 $\dfrac{p}{A} \geq \dfrac{2}{\delta(2-\delta)}$ 时，两个企业会进行广告宣传。

图 10-1 描述了企业的广告选择：

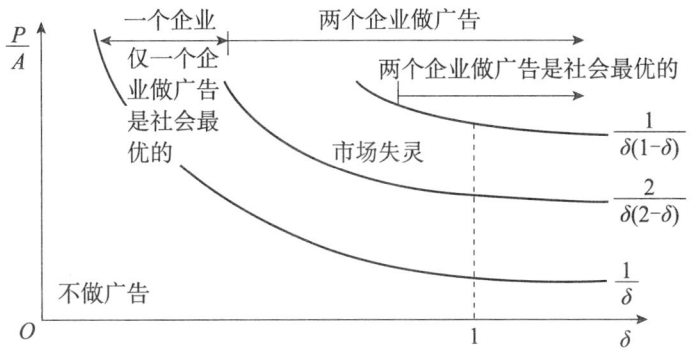

图 10-1 进行广告宣传的企业的均衡数量

图中横坐标为消费者接收到广告的概率；纵坐标为价格与广告成本的比率。对于低接收概率 δ 与高广告成本（低的 $\dfrac{p}{A}$），没有企业进行广告宣传。随着 δ 或 $\dfrac{p}{A}$ 的提高，进行广告宣传的企业数目也提高。

接下来进行福利分析。社会计划者要选择进行广告宣传的企业数目，以使期望的消费者剩余与生产者利润之和最大。社会福利函数如下：

$$EW = \begin{cases} \delta(2-\delta)\bar{s} - 2A, & \text{若两个企业都做广告} \\ \delta\bar{s} - A, & \text{若只有一个企业做广告} \\ 0, & \text{若两个企业都不做广告} \end{cases}$$

社会福利函数表明，当且仅当 $\dfrac{\bar{s}}{A} = \dfrac{p}{A} > \dfrac{1}{\delta(1-\delta)}$ 时，两个企业而不是一个

企业进行广告宣传可以达到社会最优。而企业进行广告竞争的均衡为 $\frac{\bar{s}}{A} = \frac{p}{A} \geq \frac{2}{\delta(2-\delta)}$。

因此,存在区间 $\frac{2}{\delta(2-\delta)} < \frac{p}{A} < \frac{1}{\delta(1-\delta)}$,进行广告宣传的企业相对于社会最优水平而言太多了。

10.3 广告与消费者需求

劝购型广告和信息型广告对于需求曲线存在两种可能的影响方式:劝购型广告提高了消费者的支付意愿,因而提高了价格;信息型广告增加了产品的需求量。

10.3.1 劝购型广告与构建品牌价值

考虑一家生产汽车的企业。假定消费者对汽车具有单位需求,市场上存在 N 个潜在的消费者,每个消费者对于汽车的评价均为 v。在没有广告的情况下,v 的取值在 0 到 V 区间内服从均匀分布。广告将提高消费者对于汽车的评价。对于给定的广告水平 α,v 是 α 的函数,即 $v = v(\alpha)$,$v(\alpha)$ 是按比例增加的。v 值均匀分布在 0 到 $v(\alpha)V$ 之间。若消费者的支付意愿高于价格 p,消费者便购买一辆汽车。通过消费者效用最大化行为可以导出需求函数。

汽车的需求函数为

$$Q(p,\alpha) = N\int_{p}^{v(\alpha)V} \frac{1}{v} dv = N\left(1 - \frac{p}{v(\alpha)V}\right) \quad (10\text{-}14)$$

需求函数表明,市场需求与产品价格负相关,但是与广告水平正相关。假定需求函数关于价格是线性的,需求函数可以表示为

$$Q(p,\alpha) = a - \frac{b}{v(\alpha)V}p \quad (10\text{-}15)$$

当广告水平 α 增加时,$v(\alpha)$ 也增加。因此,需求曲线以产量坐标为轴心沿价格坐标向外移动,如图 10-2 所示。

图 10-2 表明,对于喜欢该产品的消费者而言,塑造品牌的广告使其支付

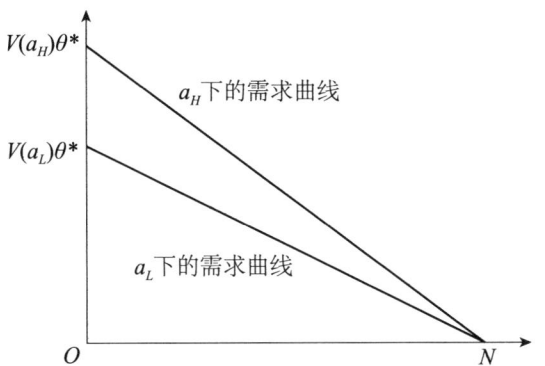

图 10-2 广告构建品牌价值时,广告水平对企业需求的影响

意愿增加的比例更高。这是构建价值的情形,在这里,广告的作用不是用来扩大潜在消费者数量 N,而是使得已经购买的 N 个消费者每个人的支付意愿都提高了。

10.3.2 信息型广告与消费者范围扩展

本节利用上文中垄断竞争条件下分析所得到的结果,分析信息型广告对企业需求量的影响。

设消费者至少获得一条广告的概率是 $\alpha,\alpha \in (0,1)$。若 N 足够大,消费者连一条广告也得不到的概率是 $1 - \alpha \equiv \left(1 - \dfrac{1}{N}\right)^m \cong e^{-m/N}$。那么,消费者从企业获得至少一条广告的概率为 $\alpha = 1 - e^{-m/N}$。

当垄断者在 N 个潜在的消费者中投放的广告数量是 m 时,获得其产品信息的期望消费者数量是 $(1 - e^{-m/N})N$。假定每个消费者的需求曲线是 $q_i(p)$,则市场加总的需求曲线是 $q(p),q(p,\alpha) = \alpha N q_i(p)$,其中 $\alpha = 1 - e^{-m/N}$。

假定需求曲线是线性的,则垄断者面临的需求曲线为

$$q(p,\alpha) = \alpha N(a - bp) \tag{10-16}$$

广告数量的增加将增加产品的需求。如图 10-3 所示,需求曲线的变动是以价格轴为轴心沿着产量轴向外移动。

图 10-3 表明,信息型广告令需求曲线沿价格坐标轴转动,提高了购买产品的消费者的数量,称为广告引起的消费者范围扩展。

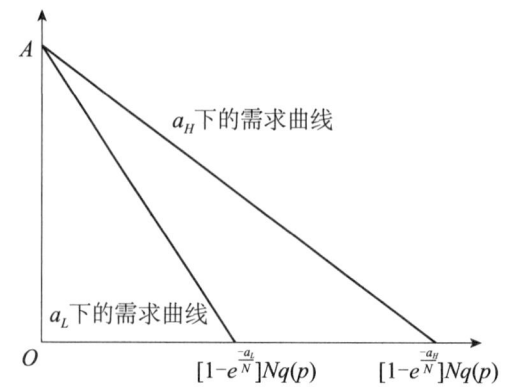

图 10-3　广告提供信息时,广告水平对企业需求的影响

10.4　总结

广告在告知消费者一种产品的可获得性、品牌形象以及产品属性方面起着重要的作用。即使广告本身并不包含多少实际信息内容,广告仍发挥重要的作用。当消费者不能确定产品质量的时候,事实是一种产品的广告做得越多越可能显示其有更高的质量。在消费者有很高交易成本的情况下,广告中的一些信息限制可能会提高社会福利。

广告会随着市场势力的增加而增加这一观察可能是有效的,但是这一观察并不能证实如下的结论,即广告是获取和维持市场势力的原因。经济理论明确表明,它们之间很可能存在相反的因果关系,即一个企业的市场势力提高了最优的广告水平。

10.5　习题

1. 假设某种酸奶的需求由非线性需求函数 $Q(P,A) = P^{-1/2}A^{1/4}$ 表示。那么需求的价格弹性为 $\eta_p = 1/2$,广告的需求弹性为 $\eta_A = 1/4$。这一产业中广告销售收入比是多少?这一比例依赖于为产品做广告的成本吗?

2. 某企业开发了一种新产品并注册了商标。企业市场研究部门估计该产品的需求为 $Q(P,A) = 11600 - 1000P + 20A^{1/2}$,生产产品的总成本为

$C(Q)=0.001Q^2+4Q$,单位广告成本为不变成本 $m=1$。

(1)计算该企业的最优产量水平 Q^*、价格 P^* 和广告水平 A^*。

(2)在此策略下,企业的利润为多少?

(3)如果企业采取上述策略,消费者剩余为多少?

3. 有两家服装企业,企业 1 和企业 2。每家企业销售材质 $Z=1$ 的服饰,分别选择价格 p_1 和 p_2,企业 1 还选择广告水平 a_1。消费者将企业 1 的服装质量看作 a_1,将企业 2 的服装质量看作 1。消费者的支付意愿 v 为 0 到 1 的均匀分布。消费者 i 从服装 1 中获得的净收益为 $v_i a_1 - p_1$,从服装 2 中获得的净收益为 $v_i - p_2$。没有生产成本,企业 1 有广告成本 $\left(\dfrac{a_1}{2}\right)^2$。

(1)假设所有 N 个消费者总是或购买企业 1 的服饰,或购买企业 2 的服饰。请推导出边际消费者 v^m 的条件,推导出每家企业面临的需求。

(2)推导出均衡的 p_1,p_2 和 a_1。

(3)现在允许企业 2 有介于 0 到 0.5 的某个广告水平 a_2。那么给定企业 1 选择 a_1,企业 2 会选择怎样的广告水平?

参考文献

Butters, G. 1977. "Equilibrium Distribution of Sales and Advertising Prices". *Review of Economic Studies*, 44(6):465-491.

Dorfman, R. and P. O. Steiner. 1954. "Optimal Advertising and Optimal Quality". *American Economic Review*, 44(12):826-836.

Grossman, G. M. and C. Shapiro. 1984. "Informative Advertising with Differential Products". *Review of Economic Studies*, 51(2):63-81.

Milgrom, P. and J. Roberts. 1986. "Price and Advertising Signals of Product Quality". *Journal of Political Economy*, 94(8):796-821.

Tirole, J. 1988. *The Theory of Industrial Organization*. Cambridge, MA: MIT Press.

第十一章 研究与开发

创新是企业获得超额利润的重要手段。研究与开发(research and development,R&D)是技术创新的重要源泉。对于企业而言,研究与开发是开展竞争的重要方式,企业通过研发投入获得新技术,在产业中取得领先或垄断地位;对于产业而言,研究与开发刻画了产业特征的重要方面,在发达国家,通常按照研究与开发占产品销售的比率来刻画产业的特征;而对于全社会而言,创新往往可以促进社会福利改进。

产业组织理论讨论研究与开发问题涉及两类分析:一类是实证分析,另一类是规范分析。实证分析是从讨论生产函数开始的。在深入研究企业研发问题之前,经济学往往假定对企业而言生产函数是外生的,如同"黑箱"(black box),即在讨论要素引起产出变化的问题时,假定技术是既定的。事实上,在产业发展的过程中技术会发生变化,技术随企业在创新活动中的资源投入而发生变化。实证分析的重要任务是打开生产函数"黑箱",分析研究与开发投入对于技术的影响。而规范分析旨在探讨研究与开发的福利影响。

研究与开发投入的增加往往会推动企业创新。创新的定义在经济学中存在一定的争议,多数学者引用 Schumpeter(1942)的定义,把创新定义为对新工艺、新产品、新组织结构、新市场的寻找、发现、开发、改进、采用并加以商业化的过程。

研究与开发按时间顺序分为三个阶段:第一阶段是基础研究,主要由大学或政府科研机构承担;第二阶段是应用研究,主要由企业研究机构或应用研究机构承担;第三阶段是开发应用,主要由企业把相关技术应用于产品或工艺。此外,还有后研究阶段,一些企业通过特许权和模仿等行为使创新在产业中扩散。

现代产业组织理论把研究与开发引起的创新分为两类。一类是工艺创新(process innovation);另一类是产品创新(product innovation)。工艺创新是指降低成本的创新;产品创新是指生产新产品的创新。

由于研究与开发概念难以定义,因此很难将研究与开发模型化。有关研究与开发研究的主题相对而言比较分散,涉及很多方面。例如,研究与开发作为一种企业竞争策略对企业目标函数的影响;研究与开发对产业结构的影响;研究与开发对经济增长的影响;研究与开发对社会福利的影响等。本章着重从产业组织理论的角度讨论企业如何把研究与开发作为一种竞争策略加以运用,以及企业研究与开发竞争对社会福利的影响。

11.1 工艺创新的分类

工艺创新指降低成本的创新,根据研发过程导致成本下降的幅度,可以将工艺创新分为两类,即重大创新(drastic innovation)和微小创新(non-drastic innovation)。若创新者将产品价格降到创新前的成本以下,则称为重大创新,否则称为微小创新。

假设一个行业生产一种同质产品,并假定企业进行价格竞争。在初始阶段,所有企业拥有相同的技术,即均以单位生产成本 $c_0 > 0$ 生产该产品。在伯川德市场结构下,所有企业均以边际成本售出产品,即 $p_0 = c_0$,获得利润为 0,生产的总产出为 Q_0 单位。

现在假设某家企业通过研发投入进行工艺创新,由此获得单位成本技术 $c < c_0$。完全垄断利润最大化产出可由 $MR(Q) = c$ 得到。若工艺创新后,创新者因创新而获得垄断地位,并使市场中的垄断价格低于创新前的成本,即 $p^m(c) < c_0$,那么该创新就是重大创新,重大创新能够降低市场价格,并提高销售数量至 Q_2;若工艺创新后,市场中的垄断价格高于创新前的成本,即 $p^m(c) > c_0$,那么该创新就是微小创新,在微小创新的情况下,创新者只能索取 $p = c_0 - \varepsilon \cong c_0$ 的价格,以低于所有竞争对手的价格出售 Q_0 单位产品。微小创新不能改变市场价格以及消费者购买数量,仅能使得创新者向整个市场出售产品并赚取严格为正的利润 $(c_0 - c_1)Q_0$。更多信息可见图 11-1。

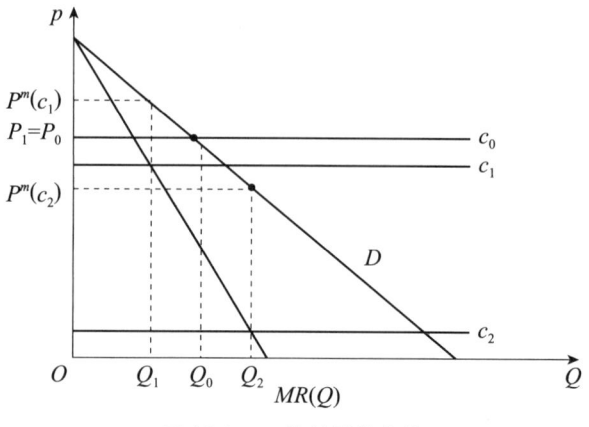

图 11-1 工艺创新的分类

11.2 创新与市场结构

研发投入的激励是如何受市场结构影响的？这不仅是企业关心的问题，也受到了政策制定者的高度关注，但关于这一问题的争论非常激烈。熊比特认为，垄断的市场结构最有利于创新，因为垄断企业能够获得高额垄断利润，有足够的资金投入研究与开发。但新近的研究表明，得到这一结论需要一系列的限制条件。

11.2.1 替换效应与效率效应

诺贝尔奖得主阿罗（Arrow,1962）提出了创新的**替换效应**（replacement effect）：由于在位的垄断企业不愿意替代其现存技术，因此它与潜在进入者相比具有更少的激励去从事创新；而潜在进入者没有这样的技术替代效应，创新收益更高，因此它具有更强的创新激励。另外，创新存在**效率效应**（efficient effect），即竞争侵蚀利润，因而垄断企业有很强的激励来从事创新活动以保全自己的垄断地位，防止潜在进入者进入市场使市场变成双寡头结构。若替换效应很小，而效率效应很大，则熊彼特的结论成立；否则不成立。

11.2.2 达斯古普塔－斯蒂格利茨模型

假定一个产业由 n 个同质的古诺企业组成，每个企业除了决定其产出

q_i,还决定过程创新研发投入 x_i,企业的单位成本是研发支出的减函数,即 $c_i = c(x_i)$,且 $\dfrac{dc(x_i)}{dx_i} < 0, \dfrac{d^2 c(x_i)}{dx_i^2} > 0$,研发投入的边际报酬递减。企业的利润为

$$\pi_i = p(Q)q_i - c(x_i)q_i - x_i \tag{11-1}$$

假定企业是对称的,即企业投入的研发费用相同,并且企业的单位成本 $c(x)$ 相同。在这个对称的 n 企业古诺模型中,均衡的价格 – 成本边际(勒纳指数)为

$$\frac{p - c(x)}{p} = \frac{\alpha_i}{e_d} \tag{11-2}$$

其中,α_i 是第 i 个企业的市场份额,e_d 是市场需求价格弹性,x 是均衡时每家企业的研发投入。由于所有企业是同质的,市场份额 $\alpha_i = \dfrac{1}{n}$,因此,(11-2)可以写作

$$p\left(1 - \frac{1}{ne_d}\right) = c(x) \tag{11-3}$$

利润函数对研发支出的一阶导数为

$$\frac{d\pi_i}{dx_i} = -\frac{dc(x_i)}{dx_i}q_i - 1 = 0, \quad 即 \ -\frac{dc(x_i)}{dx_i}q_i = 1 \tag{11-4}$$

(11-4)表示在均衡研发支出为 x 时,花费在研发投入上的额外一美元的边际收益等于边际成本。(11-3)和(11-4)的均衡条件意味着,由于企业数量的增加降低了研发支出带给每个企业的边际收益,因而产业中企业数量的增加减少了企业研发投入的意愿。

在自由进入的假定下,企业获得零利润,由零利润条件

$$\pi_i = p(Q)q - c(x)q - x = 0 \tag{11-5}$$

加总 n 个企业的均衡数量,得到

$$p(Q)Q - c(x)Q - nx = 0, \quad 即 \ [p(Q) - c(x)]Q = nx \tag{11-6}$$

结合(11-3)得到

$$\frac{nx}{p(Q)Q} = \frac{1}{ne_d} \tag{11-7}$$

等式左边为整个产业的研发投入占产业销售额的份额,称为**研发密度**,在集中度不高的产业可能比较小,即产业集中度和研发密度呈正相关关系。

这一结果支持了熊彼特假说,即不完全竞争有利于技术进步。

11.3 创新竞赛

创新竞赛(innovation races)也被称为专利竞赛(patent races)或研究与开发竞赛。竞赛是为了首先发现新技术或新产品从而获取竞争优势:首先,企业有资格获取专利保护,使得其在专利保护期内赚取垄断利润;其次,消费者会将创新者与高质量生产联系起来,并愿意为其品牌支付较高的金额。

本节将讨论创新竞赛中均衡的研发投入水平与社会最优研发投入水平。此外,还将讨论研发投入获得成功的期望日期。

11.3.1 创新竞赛中均衡的研发水平

考虑由两个企业 $k=1,2$ 组成的行业,该行业寻求生产新产品,但是能否发现新产品是不确定的。两个企业决定是否进行研发投入,其投资额用 i_k ($i_k \in \{0, I\}$) 表示。

一旦某企业进行研发投入,其成功的概率为 α。若只有该企业获得成功,其获得的利润为 V;若两企业都获得成功,则每个企业获得的利润为 $V/2$;若企业未获得成功,其利润为零。令 $E\Pi_k(n)$ 表示在有 n 个企业进行研发投入的情况下,第 k 个企业获得的期望利润,$n=1,2$。

若只有一家企业进行研发

若只有企业 1 进行研发投入,企业 1 成功的概率为 α。该企业的期望利润为

$$E\Pi_1(1) = aV - I \tag{11-8}$$

因此,令期望利润为零,企业 1 的研发投入决策如下:

$$i_1 = \begin{cases} I, & \alpha V \geq I \\ 0, & \text{其他情况} \end{cases}$$

若两家企业均进行研发

在两家企业进行研发投入的情况下,每家企业都面临两种不确定性,即技术不确定性与市场风险不确定性。技术不确定性是指企业有不成功的可

能;市场风险不确定性是指竞争对手首先获得成功而使自己的研发投入付诸东流。此时,企业 k 的期望利润为

$$E\Pi_k(2) = \alpha(1-\alpha)V + \frac{\alpha^2 V}{2} - I \tag{11-9}$$

企业 k 的研发投入决策为

$$i_k = \begin{cases} I, & \dfrac{\alpha(2-\alpha)V}{2} \geq I \\ 0, & \text{其他情况} \end{cases}$$

图 11-2 显示了在不同研发成本和成功概率组合下,企业创新竞赛的均衡结果。

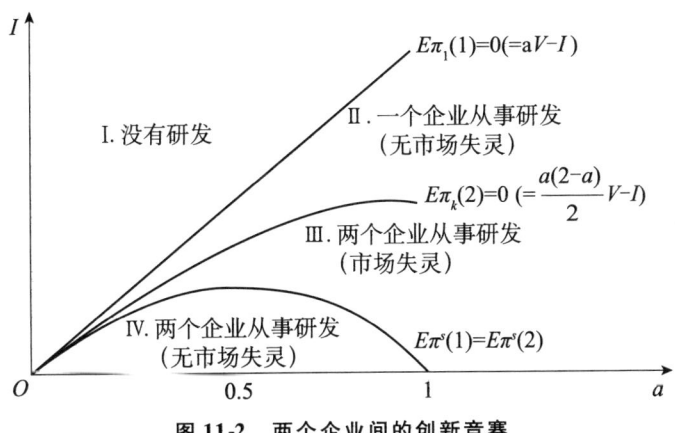

图 11-2 两个企业间的创新竞赛

11.3.2 社会的最优研发水平

以下从企业利润角度探讨社会福利问题。用 $E\Pi^s(n)$ 表示 n 个企业从事研发投入竞赛的行业期望利润,并把行业期望利润视为社会福利。

当行业中只有一家企业从事研发时,行业期望利润为

$$E\Pi^s(1) = E\Pi_1(1) = \alpha V - I \tag{11-10}$$

当行业中两家企业均从事研发时,行业期望利润为

$$E\Pi^s(2) = 2E\Pi_k(2) = 2(1-\alpha)\alpha V + \alpha^2 V - 2I \tag{11-11}$$

通过比较 $E\Pi^s(1)$ 与 $E\Pi^s(2)$ 可以发现,当且仅当 $\alpha(1-\alpha)V \geq I$ 时,有 $E\Pi^s(2) \geq E\Pi^s(1)$,此时由两个企业从事研发才符合社会最优。

图 11-2 可以分为四个区域。

区域Ⅰ：高创新成本与低发现概率的组合，此时即便只有一家企业进行研发也无利可图。

区域Ⅱ：此时仅为一家企业进行研发留下空间，一家企业进行研发可以维持非负的期望利润。由于成本相对较高，第二家企业参与研发不会为社会带来收益。

区域Ⅲ：相对较低的创新成本使得第二家企业参与研发有利可图。然而，从社会福利的角度看，重复的研发成本大于促使第二家企业参与研发并由此提高成功概率所带来的社会收益。这是一种市场失灵的情形，因为企业没有考虑他们的研发活动会如何影响竞争对手的利润。

区域Ⅳ：低创新成本与高发现概率的组合，使得两家企业都能参与研发。

11.3.3 研发成功的预期日期

假定上述创新竞赛不断重复，直到一家企业发现新产品，那么，发现的预期日期是什么时候呢？

若只有一家企业进行研发

若只有一个企业从事研发，其任意一期成功的概率为 α：

$$p(T(1)=1) = \alpha \qquad 第一期成功的概率$$
$$p(T(1)=2) = (1-\alpha)\alpha \qquad 第二期成功的概率$$
$$p(T(1)=3) = (1-\alpha)^2\alpha \qquad 第三期成功的概率$$
……

因此，一家企业研发成功的预期日期为

$$ET = \alpha + 2(1-\alpha)\alpha + \cdots = \alpha\sum_{t=1}^{\infty} t(1-\alpha)^{t-1}$$
$$= \alpha \frac{1}{[1-(1-\alpha)]^2} = \frac{1}{\alpha} \qquad (11-12)$$

若成功的概率为 $\alpha=1/2$，则预期第二期就可以成功；若 $\alpha=1/3$，则预期第三期可以成功。成功概率的提高可以缩短研发成功的预期日期。

若两家企业均进行研发

若两家企业从事研发，在任意给定的日期，两家都不成功的概率是 $(1-\alpha)^2$，至少一家成功的概率是 $1-(1-\alpha)^2 = \alpha(2-\alpha)$。

$$P(T(2)=1) = \alpha(2-\alpha) \quad \text{第一期至少一家获得成功的概率}$$
$$P(T(2)=2) = (1-\alpha)^2 \cdot \alpha(2-\alpha) \quad \text{第二期至少一家获得成功的概率}$$
$$P(T(2)=3) = (1-\alpha)^4 \cdot \alpha(2-\alpha) \quad \text{第三期至少一家获得成功的概率}$$

因此,两家企业研发成功的预期日期为

$$\begin{aligned}ET(2) &= \alpha(2-\alpha) + 2(1-\alpha)^2 \cdot \alpha(2-\alpha) + 3(1-\alpha)^4 \cdot \alpha(2-\alpha) + \cdots \\ &= \alpha(2-\alpha)\sum_{t=1}^{\infty} t[(1-\alpha)^2]^{t-1} = \alpha(2-\alpha)\frac{1}{[1-(1-\alpha)^2]^2} \\ &= \frac{1}{\alpha(2-\alpha)}\end{aligned} \quad (11\text{-}13)$$

比较 $ET(2)$ 与 $ET(1)$ 可以得出: $ET(2) < ET(1)$,说明两家企业从事研发能够缩短研发成功的预期日期。

11.4 研发合作

以上内容分析了企业进行**研发竞争**的情形,然而,企业同样有激励进行**研发合作**:首先,现代技术十分复杂,需要不同领域的专业知识和经验,企业间相互分享经验、实验结果以及设计方案能够使得企业更为全面地认识科学研究的成果;其次,在研发竞争中,当企业重复进行相同的研发活动时,存在潜在的研发支出浪费。

D'Aspremont & Jacquemin(1988)讨论了企业间的研发合作。该模型运用线性、同质产品的古诺双寡头模型来展开分析。假定存在两家企业,这两家企业进行两阶段竞争。在第一阶段,企业从事减少成本的创新投资;在第二阶段,企业在市场上进行古诺竞争。产品的需求函数如下:

$$p = a - b(q_i + q_j), \quad i,j = 1,2, \quad i \neq j$$

若不进行研发,企业以不变的单位边际生产成本 c 进行生产;若在第一阶段进行研发,企业 1、2 的单位生产成本减少额分别为 x_1 和 x_2。研发投入是成本减少额的函数:

$$R\&D(x_i) = \frac{1}{2}\gamma x_i^2$$

生产成本既受到企业自身研发投入的影响,又受到另一家企业研发投入的影响,使其生产成本减少到

$$c_i = c - (x_i + \sigma x_j)$$

其中,σ 为反映企业研发溢出效应的参数,$0 \leq \sigma \leq 1$。接下来,为了求解子博弈完美均衡,采取逆向归纳法进行分析。

11.4.1 非合作研发

首先分析当企业在第一阶段不进行研发合作时的结果。在第二阶段,第 i 个企业的利润为

$$\pi_i = [a - c + x_i + \sigma x_j - b(q_i + q_j)]q_i - \frac{1}{2}\gamma x_i^2 \qquad (11\text{-}14)$$

一阶条件导出

$$q_i = \frac{1}{2b}(a - c + x_i + \sigma x_j - bq_j) \qquad (11\text{-}15)$$

古诺均衡产量水平为

$$q_i = \frac{a - c + (2 - \sigma)x_i + (2\sigma - 1)x_j}{3b} \qquad (11\text{-}16)$$

(11-16)表明每家企业的产量是其研发支出的增函数。研发支出减少了企业的成本,并因此产生更具盈利性的较高产量。竞争对手的研发支出则具有两种效应:一是**溢出效应**(spillover effect),对手的研发活动降低了企业的成本,成本的降低对产量有正向的效应;二是**竞争效应**(competition effect),对手的研发活动降低了对手的成本,使得对手更具竞争优势,对产量有负向的影响。两种效应共同作用的结果取决于研发外溢程度 σ 的大小,当 $\sigma > 0.5$ 时,溢出效应占主导,对手的研发对企业产量有正向的影响;当 $\sigma < 0.5$ 时,竞争效应占主导,对手的研发对企业产量有负向的影响。

在第一阶段,给定竞争对手的研发水平和正确预期到第二阶段博弈的结果,第 i 个企业选择使其利润最大化的研发水平,其利润函数为

$$\begin{aligned}
\pi_i &= [a - c + x_i + \sigma x_j - b(q_i + q_j)]q_i - \frac{1}{2}\gamma x_i^2 \\
&= b\left(\frac{a - c + (2 - \sigma)x_i + (2\sigma - 1)x_j}{3b}\right)^2 - \frac{1}{2}\gamma x_i^2 \\
&= bq_i^2 - \frac{1}{2}\gamma x_i^2
\end{aligned} \qquad (11\text{-}17)$$

由最大化的一阶条件得到企业 i 的最优反应或研发反应函数:

$$x_i = \frac{2}{9}(2-\sigma)\frac{a-c+(2\sigma-1)x_j}{b\gamma - \frac{2}{9}(2-\sigma)^2} \tag{11-18}$$

由于两家企业是同质的,求解对称均衡得到均衡研发水平为

$$x^* = \frac{2(2-\sigma)(a-c)}{9b\gamma - 2(2-\sigma)(1+\sigma)} \tag{11-19}$$

(11-19)表明研发水平随研发外溢水平 σ 增加而下降,表明研发外溢水平越高,企业研发努力将会下降,因为企业有激励搭对手研发活动的便车,而不是投入资源从事研发。

将 x^* 代入产量表达式(11-16),得到均衡产量为

$$q^* = \frac{b\gamma}{b\gamma - \frac{2}{9}(2-\sigma)(1+\sigma)}\frac{a-c}{3b} \tag{11-20}$$

将(11-20)代入利润函数,得到均衡利润:

$$\pi^* = \frac{1}{9}\gamma\frac{b\gamma - \frac{2}{9}(2-\sigma)}{\left[b\gamma - \frac{2}{9}(2-\sigma)(1+\sigma)\right]^2}(a-c)^2 \tag{11-21}$$

由(11-20)得到消费者剩余为

$$CS = 2b\left[\frac{b\gamma}{b\gamma - \frac{2}{9}(2-\sigma)(1+\sigma)}\frac{a-c}{3b}\right]^2 \tag{11-22}$$

由(11-21)及(11-22)得到社会福利为消费者剩余与企业利润加总:

$$SW = \frac{4}{9}\gamma\frac{b\gamma - \frac{1}{9}(2-\sigma)^2}{\left[b\gamma - \frac{2}{9}(2-\sigma)(1+\sigma)\right]^2}(a-c)^2 \tag{11-23}$$

可以看到,当研发外溢程度较小,即 $\sigma < \frac{1}{2}$ 时,随着研发外溢程度的增加,企业产量上升,产品价格下降,消费者剩余增加;当 $\sigma > \frac{1}{2}$ 时,随着研发外溢程度的增加,企业产量下降,产品价格上升,消费者剩余减少。某种程度的研发外溢使得消费者受益。对于企业而言,数值分析表明,当 $\sigma < 0.88$ 时,利润随研发外溢程度增加。

11.4.2 合作研发

现在考虑两家企业通过在第一阶段进行研发合作($\sigma=1$),以最大化联合利润;在第二阶段继续进行古诺竞争。在第一阶段,每一家企业成本减少量为 x_{JV},每家企业支付的成本是 $\frac{1}{2}\gamma x_{JV}^2$。

在第一阶段,企业选择 x_{JV},以使第二阶段两家企业的利润之和最大化。第二阶段企业进行古诺产出竞争。每家企业的均衡成本减少量、产量和利润分别为

$$x_{JV} = \frac{4(a-c)}{9b\gamma - 8}$$

$$q_{JV} = \frac{3(a-c)}{9b\gamma - 8} \quad (11\text{-}24)$$

$$\pi_{JV} = \frac{(a-c)^2}{9b\gamma - 8}$$

可见,研发合作的均衡提高了企业研发水平,增加了企业产量和利润,有益于社会福利。

11.5 专利

为了鼓励创新,需要对研究与开发的成果加以专利保护。一项研发成果要获得专利保护,必须具备三种特性:新颖性(novel)、创造性(nontrivial)与实用性(useful)。新颖性即在一定时间、一定地域内现有科技未包括的发明;创造性又称非显而易见性,即发明为独创,而不是所属技术领域的普通技术人员显而易见的;实用性即该发明必须能够用于实际生产,并产生积极的效果。

专利分为**发明专利**与**实用型专利**。其中,发明专利又包含四种类型:物品发明,主要是各种新产品;方法发明,如医疗方法、机械方法、化学方法等;物质发明,主要是基于两种或以上物质产生的新合成物;应用发明,即对已知物品、方法、物质的新的利用。实用型专利则是对微小发明施加的专利保护。各国确定专利权有不同的标准,美、日、德、加等绝大多数国家采取发明人专利制。中国采取的是申请人专利制。

专利不能无限期保护,否则将抑制科技知识的传播,难以使社会广泛地

享受技术进步的收益。然而,专利保护时间过短又不利于鼓励研发与创新。因此,一套有效的专利制度必须既有利于鼓励创新,又有助于科技成果的推广。各国实施的专利保护的期限不同。在中国,发明专利保护期限为 20 年,实用新型和外观设计专利保护期限为 10 年。本节接下来将探讨专利保护的最佳期限的诺德豪斯模型(Nordhaus,1969)。

假设创新为非随机发生,即研发成功的概率 $\alpha = 1$。需求函数是线性函数 $p = a - bQ$,所有企业以不变的边际成本 c_1 生产。市场最初处于完全竞争的状态,因此市场均衡价格等于生产的边际成本 c_1,由线性需求函数可知市场需求量为 $D_1 = \dfrac{a - c_1}{b}$。

每个企业都从事一项新技术的研发,以实现生产的边际成本下降至 c_2 ($c_2 < c_1$)。设 $\Delta c = c_1 - c_2$ 代表创新的收益。对于企业而言,开发新技术的成本函数为 $c(\Delta c) = \alpha \Delta c^{1+\delta}$。其中 $\delta > 0$,因此企业从事研发活动存在规模成本递增效应。

假定一家企业新技术研发成功后获得一项专利,该专利赋予该企业在 T 期内该项技术的垄断权。专利期满后,所有企业都将使用该项新技术,市场又成为竞争性的市场。根据 11.1 节的分析,若创新为重大创新,创新者最有利的策略是自己使用新技术,并成为一个垄断者;若创新是微小创新,则创新者的最优策略是以每单位特许费 $\Delta c = c_1 - c_2$ 的方式把新技术的使用权授予其他企业,在这种情况下,总产出略大于 D_1,创新者在专利保护期内向特许企业每期收取 $\Delta c D_1$ 特许费。

若创新为微小创新,则创新者的利润贴现值为

$$\pi = (1 - e^{-rT}) \frac{\Delta c D_1}{r} - \alpha \Delta c^{1+\delta} \tag{11-25}$$

由一阶条件得到:

$$\Delta c = \left[\frac{(1 - e^{-rT}) D_1}{\alpha (1 + \delta) r} \right]^{\frac{1}{\delta}} \tag{11-26}$$

(11-26)对专利保护期限 T 求偏导得到:

$$\frac{\partial \Delta c}{\partial T} = \left[\frac{D_1}{\alpha (1 + \delta) r} \right]^{\frac{1}{\delta}} \frac{r}{\delta} (1 - e^{-rT})^{\frac{1-\delta}{\delta}} e^{-rT} > 0 \tag{11-27}$$

由(11-27)可知,专利保护期限越长,创新者获得的收益越大。

接下来,从社会福利的角度分析专利最佳保护期限。政策制定者的问题是选择使社会福利最大化的专利保护期限 T。社会福利是生产者利润与消费者剩余之和。其中,消费者剩余为

$$CS = \frac{bD_1^2}{2r}(1-e^{rT}) + \frac{bD_2^2}{2r}e^{-rT} \qquad (11-28)$$

等式右边第一项表示专利保护期内的消费者剩余,第二项表示专利保护期满后的消费者剩余。

可以将(11-28)重新表示如下:

$$CS = \frac{b}{2r}\left[D_1^2 + e^{-rT}\frac{\Delta c}{b}\left(2D_2 + \frac{\Delta c}{b}\right)\right] \qquad (11-29)$$

社会福利函数为

$$SW = CS + \pi \qquad (11-30)$$

使得社会福利最大化的一阶条件为

$$\frac{\partial SW}{\partial T} = \frac{\partial CS}{\partial T} + \frac{\partial CS}{\partial \Delta c}\frac{\partial \Delta c}{\partial T} + \frac{\partial \pi}{\partial T} = 0 \qquad (11-31)$$

(11-31)显示了在确定专利保护期限上的权衡。(11-31)等式右边第一项为负,表示专利保护期限的延长推迟了消费者从新技术受益的时间,从而降低了消费者福利。(11-31)等式右边其余两项为正。等式右边第二项为正,由于专利保护期限的增加会促进创新,提高 Δc,在专利保护期满后价格下降,增进消费者福利。等式右边第三项为正,专利保护期限的增加将提高创新者的利润。

专利的最优保护期限应使得因推迟竞争者使用新技术的时间而导致的消费者剩余的边际损失,等于消费者从专利保护期满后价格下降中得到的边际剩余增加与创新者利润边际增加之和。

求解(11-31)中各项得到:

$$\frac{\Delta c^2}{b} = \frac{2e^{-rT}}{3\delta}\left[D_2 + \frac{\Delta c}{b}\right]\left[\frac{D_1}{\alpha(1-\delta)r}\right]^{\frac{1}{\delta}}(1-e^{-rT})^{\frac{1-\delta}{\delta}} \qquad (11-32)$$

(11-32)和(11-26)共同决定了最优专利保护期限。

11.6 总结

研究与开发是技术进步的源泉。技术进步是过去两个世纪以来发达国

家生活水准不断提升的真正来源。然而,应该清楚,企业只有在它们能够确保它们的努力将得到回报的时候,才会在研发上面进行大量的支出和冒巨大的风险。创新出现后,竞争对手的模仿在强化价格竞争方面是有益于社会的。然而,模仿的存在会阻碍创新的出现。

来自竞争的收益和来自创新的收益之间的紧张关系(即替代效应和效率效应之间的权衡)是不可避免的。这种紧张关系已经让经济学家们去思考哪一种市场环境(竞争性的还是垄断性的)将会培育更多的创新。就这一点而言,从广义上来讲,熊彼特假说认为垄断市场结构是最有利于促进研发的。政策在此也扮演着重要的角色。政策的一个作用就是鼓励研发合作。实证证据表明,我们生活在一个联系日益紧密的世界中,在这个世界里,一家公司研发的好处会外溢给其他的企业,当然也包括其竞争对手。在这样的一个世界中,非合作的结果可能是导致过少的研发努力。在这样的情况下,促进企业之间研发合作的政策是有益的。然而,必须指出的是,企业之间的研发合作也可能会促进合谋。

在专利政策作用上也存在相似的问题。专利可以增强企业追逐技术创新的激励。然而,通过暂时地授予创新企业对创新成果的垄断势力,专利也能弱化竞争的力量,并降低消费者从技术创新中获益的程度。

11.7 习题

1. 考虑需求为 $Q = D(P)$ 的市场,市场中只有一个无进入威胁的垄断企业,其边际成本为 c_H,假设垄断企业的研发使得边际成本降为 c_L。

(1)证明如果垄断企业能够完全歧视,那么垄断企业赋予创新的价值与最大化消费者和生产者剩余之和的社会计划者是一样的。

(2)假设市场最开始存在 n 家竞争性企业,每家企业有着不变的边际成本 c_H。某家企业从事创新使得边际成本降至 c_L。假设创新为微小创新,若该企业在其索要的最高价格之下能够实现完全歧视,那么该企业赋予创新的价值为多少?

2. 假设总的逆需求函数为 $P = a - Q$,且在开始时所有企业有相同的单位成本 c_0,其中 $c_0 < a < 2c_0$。假定有一家企业可以将单位成本降低至 $c_1 = 2c_0 - a$,

推断这是重大创新还是微小创新?

3. 假定 $n(n \geq 2)$ 家企业参与研发,在每个日期每家企业发现的概率为 $\alpha(0 < \alpha < 1)$。

(1)在某个特定日期,没有一家企业发现的概率为多少?

(2)在某个特定日期,至少有一家企业发现的概率为多少?

(3)计算发现的预期日期。

参考文献

Arrow, K. 1962. "Economic Welfare and the Allocation Resources for Innovation". In R. Nelson, ed., *The Rate and Direction of Inventive Activity: Economic and Social Factors*. NBER. Princeton: Princeton University Press.

Dasgupta, P. and J. Stiglitz. 1980. "Industrial Structure and the Nature of Innovative Activity". *Economic Journal*, 90 (January): 266-293.

D'Aspremont, C. and A. Jacquemin. 1988. "Cooperative and Noncooperative R&D in Duopoly with Spillovers". *American Economic Review*, 78 (September): 1133-1137.

Nordhaus, W. 1969. *Invention, Growth and Welfare*. Cambridge, MA: MIT Press.

Schumpeter, J. A. 1942. *Capitalism, Socialism, and Democracy*. New York: Harper.

编后记

朱善利教授生于1953年,1977年进入北京大学读书,1984年留校任教,直到2015年9月去世。朱老师的求学生涯和学术生涯,正好与我国1978年以来的改革开放历程相一致,他们这一代人汇入了改革开放的洪流中,为改革开放贡献着自己的力量。

在经济学书籍匮乏的时代,朱老师在经济学荒芜的园地上开拓,在年轻时代就迅速掌握了经济学的原理和框架。正是因为他们那一代人的不断努力,我国经济学研究的后来者才有机会站在更高的起点上。他们在智力上做出的全部努力,已经变成了我们知识大树上最靠近地面的粗壮的树干的一部分。朱老师很早就在光华开设产业经济学专题课程,教授产业组织的前沿理论。惜书稿还未能完成,朱老师就永远离开了我们。为了使朱老师的思想传播下去,我们将朱老师的遗稿编著出版,供后人学习和缅怀。

本书是在北京大学光华管理学院陈玉宇教授的指导下,由数名光华的博士生在朱老师遗稿的基础上编著而来。从2019年开始,总共经历了三轮编写:第一轮由五名光华管理学院的博士生修订初稿,力求将原稿用平实质朴的语言展现出来;第二轮进行交叉修订,力求减少编写过程中的错误;第三轮邀请本科同学阅读书稿,力求从初学者的角度修订书稿,增强本书的可读性,让其成为真正有价值的教材。在编写期间,还征求了多名朱老师的学生的意见,得到了非常有益的建议。对于编写过程中付出精力和时间的光华学子们,我们在此一并感谢,他们是刘志成、宗庆庆、陈帅、杨金峰、韦欣、王娟、黄娅娜、赵亿欣、姚心觉、王子琳、杨卿栩、侯嘉奕、王雨露,以及诸多参与初稿审阅的同学们。还应该感谢北京大学出版社的大力支持,特别是要感谢在本书出版过程中付出了巨大精力的王晶编辑。

本书在编著过程中力求尊重原稿,将朱善利老师的思想原汁原味地展示出来。但受编者的学识和经验限制,书中的错误和遗漏在所难免,敬请读者批评指正。

  时代给了我们高度,让我们这一代学子能够站在前人搭建起来的更高的平台上进行经济学研究,这对后来的学者既是一种幸运也是一种鞭策。希望本书能够传递朱老师这一代经济学家的求知精神和历史担当,激励新一代的学子们不断追求真理,为中华民族的伟大复兴贡献自己的一份力量。

编者

2021.8